本书是浙江省文化创新团队"公共图书馆社会化探索创新团队"项目成果之一,获得浙江省文化和旅游厅出版资助。

社会力量参与
公共图书馆事业建设研究

褚树青　主编

国家图书馆出版社

图书在版编目（CIP）数据

社会力量参与公共图书馆事业建设研究 / 褚树青主编 . — 北京：国家图书馆出版社 , 2019.12

ISBN 978-7-5013-6896-9

Ⅰ . ①社… Ⅱ . ①褚… Ⅲ . ①公共图书馆—图书馆事业—建设—研究—杭州 Ⅳ . ① G259.275.51

中国版本图书馆 CIP 数据核字（2019）第 256884 号

书　　名　社会力量参与公共图书馆事业建设研究
著　　者　褚树青　主编
责任编辑　邓咏秋　张颀
编辑助理　张晴池
封面设计　得铭文化 + 邢毅

出版发行　国家图书馆出版社（北京市西城区文津街 7 号　100034）
　　　　　（原书目文献出版社　北京图书馆出版社）
　　　　　010-66114536　63802249　nlcpress@nlc.cn（邮购）
网　　址　http://www.nlcpress.com
排　　版　九章文化
印　　装　北京科信印刷有限公司
版次印次　2019 年 12 月第 1 版　2019 年 12 月第 1 次印刷

开　　本　710×1000（毫米）　1/16
印　　张　12
字　　数　200 千字

书　　号　ISBN 978-7-5013-6896-9
定　　价　58.00 元

主　　编：褚树青

撰　　稿：关思思　屠淑敏

案例提供（以姓氏笔画为序）：

王　杨　　王奕龙　　王恺华　　方　瑛　　叶　婷

冯亚慧　　冯继强　　朱峻薇　　刘丽东　　寿晓辉

杨　悦　　沈少英　　张安琪　　周宇麟　　姚丹茵

施春林　　柴玲姬　　诸佳男　　戚晓黎

案例审核：梁　亮　刘丽东　周宇麟　寿晓辉　王恺华

目　　录

序

　　现代图书馆的重要标志之一，就是从社会发展的高度来认识和理解图书馆的功能，动员全社会的力量来促进图书馆事业的发展。19世纪末美国图书馆学家杜威提出公共图书馆是"人民的大学"的思想，强调的就是公共图书馆不仅是一个收集和提供文献资料的机构，更是一个社会教育机构，它通过面向全体人民的社会教育发挥开启民智、传播知识、传承文明的作用，对人的全面发展、对社会文明进步做出贡献。所以才说公共图书馆是现代社会系统所必需的，公共图书馆制度是一项社会制度。社会性机构、社会性制度，服务于全社会和全体人民，自然也需要全社会的广泛参与，这是现代公共图书馆必须走社会化发展道路的最基本的理论依据。《公共图书馆宣言》总结提炼了现代公共图书馆的核心功能：为个人和社会群体终身教育、自主决策、文化发展提供基础。与此相适应，现代公共图书馆制度确立了一些不可动摇的基本要素，如国家和地方政府的设置责任，免费提供基本服务的原则，确保与有关合作伙伴进行地方、区域、全国乃至国际性合作等。国际图联在2018年3月发布的《全球愿景报告摘要》中也强调，馆际合作以及与外界的合作，对于创建一个强大、联合的图书馆界至关重要，这是《公共图书馆宣言》"伙伴合作"理念的时代表达。如果用中国特色的话语体系表达上述内容，简单地说，就是包括公共图书馆在内的公共文化服务必须坚持政府主导、社会力量参与。

新世纪以来，伴随着社会主义市场经济的发展和公共文化服务体系建设的快速推进，全社会对公共文化服务社会化的理解和认识在逐步深化。党的十八届三中全会将推动公共文化服务社会化发展作为构建现代公共文化服务体系的重要内容，2015年初中共中央办公厅、国务院办公厅印发《关于加快构建现代公共文化服务体系的意见》，将社会化发展提升到增强公共文化服务发展动力的高度，明确指出我国现代公共文化服务体系建设的目标，就是要逐步形成政府、市场、社会共同参与的格局。《中华人民共和国公共文化服务保障法》和《中华人民共和国公共图书馆法》，都确立了鼓励和支持公民、法人和其他组织参与公共文化服务的方针，标志着公共文化服务社会化发展由政策方针走向了法律化。

在实践层面，党的十八大以来，我国公共文化服务社会化发展迈出了坚实的步伐。最近，笔者所在的北京大学国家现代公共文化研究中心对我国公共文化服务社会化发展做了一次较为广泛深入的调研。结果显示，截至2018年底，社会力量举办的公共文化服务机构已经遍布全国20个省区，社会力量运营的公共文化服务机构已经遍布全国23个省份，总数在10 000家以上。2018年，全国75%以上的地市级政府、62%以上的县市级政府开展了向社会力量购买公共文化服务工作，财政总投入近38亿元。其中，用于向社会力量购买公共文化设施管理运营服务的投入达到6.2亿元，用于购买基层公共文化服务岗位的投入达到11亿元以上，累计购买基层公共文化服务岗位80 000多个。截至2018年底，全国各地登记在册的文化志愿者达到265万名以上。目前，我国公共文化服务社会化实践的主要形式已经有六大类（政府购买服务、政府和社会力量合作、社会力量独立建设、文化事业和文化产业融合发展、文化志愿服务、众筹和基金会），具体实现方式达到20多种。公共文化服务社会化的实践形式多样化，表明社会力量参与公共文化服务体系建设走向全面和深入。

由褚树青主编的《社会力量参与公共图书馆事业建设研究》，就是在我国公共文化服务社会化发展大潮初起背景下出现的一个研究成果。按照《公共图书馆法》的界定，公共图书馆是我国公共文化服务体系建设的重要组成部分；综观我国公共文化服务体系建设的实践，公共图书馆一直发挥着事业中坚和引领示范作用。因此，本书也是我国公共文化服务社会化发展理论和实践进展的一个缩影。我欣喜地看到，本书引入了较多的相关理论来阐释公共文化服务社会化发展，遴选国外社会力量参与公共文化服务的典型案例加以介绍分析，对我国社会力量参与公共图书馆建设历程进行梳理总结，对体现建设方式的典型案例进行分析评价，在此基础上，指出存在问题，提出发展建议。从整体上看，做到了理论和实践结合，国内和国外结合，概述和案例结合，问题和对策结合，总结和前瞻结合，对完善我国公共文化服务社会化发展的理论阐述，总结公共文化服务社会化发展的中国实践，推动政府、社会、市场共同参与的现代公共文化服务体系建设，具有积极的作用，对公共图书馆等公共文化机构开展社会化实践具有参考价值。

本书是作为"浙江省文化创新团队"之一的"公共图书馆社会化发展探索创新团队"的代表性研究成果。创新团队的领军人物是褚树青——"业界谁人不识君"，我国图书馆界的著名馆长。难能可贵的是，他长期以来在繁忙的馆务之外，领衔组织了多项有特色、有影响的研究，扶持和培育了一大批年轻的研究力量。本书的主要撰稿人关思思和屠淑敏，都是北京大学的学子，和我有学缘关系。其中关思思以公共文化服务社会化专题研究获得了北京大学博士学位，屠淑敏则是长期亲身参与公共图书馆社会化实践的一线研究人员。创新团队的其他近二十位才俊主要来自杭州图书馆和杭州少年儿童图书馆，他们共同参与了本书的资料收集、案例调研、分析研究。团队的精诚合作、协同努力，使本书成为目前我国公共图书馆研究领域一部视角新、有特色、应急需的著述。实践证明，创新研究团队这种组织模式和研究机制，是在实战中锻炼队伍的模式，是团队协同作战、集中力量重点突破的机制。希望创新团队这种组织模式不断走向完善，希望创新团队不断推出新的研究成果。

李国新

2019年10月

（作者为北京大学教授、博士生导师，文化和旅游部国家文化和旅游公共服务专家委员会首席专家）

上　篇

理论研究

第一章　绪论

一、研究背景和意义

（一）背景

在我国，受传统行政管理方式影响，文化服务长期被政府包揽，公共文化机构发展基本上靠国家投入，致使文化服务体系建设相对滞后，供给能力与水平难以满足群众多样化的文化需求。随着计划经济体制向社会主义市场经济体制转变，在新常态下公共文化机构获得持续大幅度的经费增长已不太现实。公共文化机构必须适应这种减慢的增长速度，适应如何在低增长或者零增长的环境中过"紧日子"[①]，及时挖掘新的增长源泉。2002年党的十六大报告将"文化事业"与"文化产业"相分离，2006年我国《国家"十一五"时期文化发展规划纲要》作为政府文件，首次将"公共文化服务"纳入其中。"公共文化服务"是为了满足社会的共同需要而形成的文化形态，强调以社会全体公众为服务对象；公共文化形态具有多样性，以国家财政支撑的公益性文化事业体制无论在内容、活动方式，还是在组织形式上，都不能全部覆盖整个社会的公共文化领域。因此，社会化发展成为现代公共文化服务体系的重要内容，构建现代公共文化服务体系，政府、

---

① 吴建中.新常态　新指标　新方向（2012中国图书馆年会主旨报告）[J].图书馆杂志,2012（12）:2-6.

市场、社会三者缺一不可。

  我国在政策层面上也在逐步推进鼓励社会力量的参与，为社会力量参与公共文化服务建设提供了法律保障。如2015年中办、国办《关于加快构建现代公共文化服务体系的意见》中明确鼓励和引导社会力量参与，要求进一步简政放权，减少行政审批项目，吸引社会资本投入公共文化领域。建立健全政府向社会力量购买公共文化服务机制①。2016年《中华人民共和国公共文化服务保障法》（简称《保障法》）再次从法律上明确了公共文化服务由政府主导、社会力量参与②。2017年《中华人民共和国公共图书馆法》（简称《公共图书馆法》）颁布，明确指出国家鼓励公民、法人和其他组织自筹资金设立公共图书馆。县级以上人民政府应当积极调动社会力量参与公共图书馆建设，并按照国家有关规定给予政策扶持。通过多种渠道筹集资金，拓展图书馆管理模式，谋求更加广阔的可持续发展空间③。

  在此背景下，全国多地公共文化机构积极探索尝试，通过鼓励和引导社会力量参与，由以前公共文化机构单一体制提供服务发展到全社会广泛参与公共文化服务。

  （二）意义

  政府购买公共服务在西方国家已经发展了一段时间，各国政府购买公共服务的具体做法虽不尽相同，但其共同特点是将市场机制引入公共服务

---

  ① 中办、国办印发《关于加快构建现代公共文化服务体系的意见》[EB/OL].［2018-04-12］. http://www.gov.cn/xinwen/2015-01/14/content_2804240.htm.

  ② 中华人民共和国公共文化服务保障法 [EB/OL].［2018-04-14.］. http://news.xinhuanet.com/2016-12/26/c_129419435.htm.

  ③ 中华人民共和国公共图书馆法 [EB/OL].［2018-04-14.］. http://www.npc.gov.cn/npc/xinwen/2017-11/04/content_2031427.htm.

领域，实现公共服务的优化供给。随着我国公共文化服务体系建设的全面推进，全国许多地区开始积极促进公共文化服务的多元化参与。面对社会力量参与公共图书馆事业这一主题，不同地区的政府思路、做法不尽相同，发展也存在诸多的困难、问题。研究社会力量参与公共图书馆事业，就需要梳理总结这些不同地区在面对各种困难的过程中，发展出来的一些行之有效的做法和可复制推广的经验。

在理论基础上，随着新公共管理运动的开展，国外在新公共管理、新公共服务、公共治理、第三部门等方面都已形成很多理论研究成果。国内理论研究则围绕社会力量参与公共文化服务的主体、途径、机制等方面展开。在管理体制上，我国各地公共图书馆在吸引社会公众参与图书馆管理改革创新的探索实践方面，取得了良好效果和宝贵经验，进一步加强了机构体制机制的改革创新，增强了自身活力。如许多公共图书馆通过理事会制度吸引社会力量参与治理；通过基金会方式，创新文化管理机制等。在服务方式上，公共文化机构能够借助社会力量的人才、技术和创新理念等，实现服务手段创新升级，如彩云服务、信用借阅服务等。通过对这些理论、改革和创新服务的梳理和研究，能进一步为理论构建、管理改革和服务创新，为深化社会力量参与公共图书馆事业发展提供研究支撑。

二、相关概念

对"社会力量参与公共图书馆建设"问题进行研究，需要对公共文化、公共图书馆事业、社会力量以及社会力量参与方式等涉及的相关概念进行界定。

（一）公共文化

2006年我国《国家"十一五"时期文化发展规划纲要》首次将"公

共文化服务"纳入其中，从之前的发展"群众文化"转变为发展"公共文化"。"公共文化"是为满足社会的共同需要而形成的文化形态，这一概念提出在内涵和外延上不断扩大和深化，不仅涵盖了传统上由国家兴办的文化事业，如博物馆、图书馆、文化馆、广播电视等，还包括了文化的管理运行体制机制、财政保障、产品服务的生产供给、群众性文化活动、对外文化交流和宣传、文化遗产保护等内容。用"公共文化服务体系"这一概念来重新界定社会主义市场经济条件下公益性文化事业的范围和边界，重新确定其功能、结构和运行机制，在实践上是一种创新，在理论逻辑上具有合理性[①]。

公共文化形态具有多样性，以传统国家财政支撑的公益性文化事业体制无论在内容、活动方式，还是在组织形式上，都已经不能全部覆盖整个社会的公共文化领域。因此在中国建立和完善社会主义市场经济体制的大背景下，需要优化配置公共文化的各种资源，激发文化生产潜力，满足群众文化需求。因此发展"公共文化"需要坚持共建共享原则，引导让群众自发生产、服务、管理、享受文化，政府和公共文化机构的角色转变为资金保障、搭建平台、协调管理等。

（二）公共图书馆事业

公共图书馆是由中央或地方政府管理、资助和支持的，免费为社会公众服务的图书馆。近年来，我国公共图书馆事业得到快速发展："十二五"期间，我国公共图书馆设施网络进一步完善，文献资源保障能力明显增强，县级图书馆总分馆制基本建立，公共图书馆服务标准化、均等化水平显著提高，信息网络等新技术应用更加普及，法人治理结构建设积极推进，人

---

① 荣跃明.公共文化的概念、形态和特征 [J].毛泽东邓小平理论研究,2011.

才队伍建设有效加强，政策法律保障更加有力，社会力量广泛参与，公众对公共图书馆服务的满意度持续提升。

《公共图书馆法》于2018年1月1日正式施行，为保证公共图书馆持续健康发展，确立了"政府主导、社会参与"的公共图书馆建设格局，从设立主体、享有权利、扶持政策、参与方式等方面，对社会力量参与公共图书馆建设做出规定。法律强调公共图书馆建设不仅包括政府设立的，国家还鼓励公民、法人和其他组织自筹资金设立公共图书馆。由公民、法人和其他组织兴办的公共图书馆只要依法登记注册、符合公共图书馆办馆条件，就可以享有与政府设立的公共图书馆同等的权利。政府对社会力量参与公共图书馆建设，将按国家有关规定给予政策扶持。这些具体规定进一步引导和推动公共图书馆事业科学、规范、健康发展，彰显了公共图书馆事业在中国特色社会主义文化中的重要地位，体现了公共图书馆在新时代满足人民日益增长的美好生活需要的重要作用。

（三）社会力量

《保障法》规定：公共文化服务是指由政府主导、社会力量参与，以满足公民基本文化需求为主要目的而提供的公共文化设施、文化产品、文化活动以及其他相关服务。国家鼓励和支持公民、法人和其他组织参与公共文化服务。结合《保障法》，本书所指社会力量，是指政府机关和文化事业单位以外的公民、法人和其他组织。主要包括三类组织：

● 第二部门：国有企业、私营企业、各种混合所有制企业。

● 第三部门：政府以外、从事非营利性活动的社会组织，包括社会团体、基金会、民办非企业单位等。

● 其他公益单位：除政府机关和文化事业单位外的第一部门范畴内公益单位，如学校、部队、敬老院等，这些虽为公共部门，但不直接承担政府公共文化职能①。

目前我国参与公共文化服务的这些社会力量，如国有企业、民营企业、事业单位、社会团体、基金会、民办非企业、公民个人等，积极参与文化艺术创作生产、文化服务提供、文化遗产保护、文化产业创新等，逐步成为文化建设的重要力量。

（四）社会力量参与方式

总结目前社会力量参与公共图书馆事业的方式，有如下几种：

● 慈善捐赠：社会力量通过向公共图书馆或主办机构捐助书刊、捐建馆舍、捐赠经费等方式支持公共图书馆建设。

● 政府购买：社会力量通过承接政府购买项目提供公共图书馆服务。按照购买程度，分为整体购买、部分购买等，涉及的业务内容包括安保、保洁、图书流通、采编、管理运营等。

● 公私合作：广义的公私合作泛指公共部门与私人部门为提供公共产品或服务而建立的各种合作关系。狭义的公私合作是一系列项目融资模式的总称。社会力量参与到公共图书馆的设计、融资、建设、运营全过程，通过资本筹集、商业经营模式和专业技术能力等优势，实现与政府的合作。

● 民办机构：社会力量自建图书馆，为公众提供借阅服务，承担运行费用。

● 民办公助：政府通过资金补贴、政策支持、项目合作等方式，将社会力量兴办的文化设施纳入公共文化服务体系，让其提供相应的公共文化服务。

● 志愿服务：社会力量以志愿者身份，经过公共图书馆的招募和培训，

---

① 黄洁英.社会力量参与公共文化建设研究——基于上海市徐汇区政府文化职能的视角［D］.上海:华东师范大学,2010.

参与图书馆服务工作。

● 公民参与：公民通过一定的参与形式，表达意愿、思想和价值取向，参与公共文化服务过程，影响文化职能部门行为[①]。

● 文化事业与产业融合：社会力量通过一定方式参与文化事业、文化产业和旅游资源开发，促进融合发展，增强文化自信，提高国家文化软实力和中华文化影响力。

社会力量无论以上述哪种模式参与公共图书馆事业建设，都将弥补政府投入财力和人力的不足，促进公共图书馆服务效益的提升。

三、相关理论

（一）新公共管理理论

20世纪70年代末，美国、英国等发达国家兴起的新公共管理理论认为，新型公共服务应该综合运用政府管理、市场机制、社会自治等多种方式。政府购买公共服务应该贯穿公共管理与治理的整个过程，引入市场竞争机制，政府由"划桨"转为"掌舵"，负责制定政策、负责提供公共服务，但不一定要亲自生产。借鉴市场竞争和企业管理手段，以公民需求为导向，提高公共部门效率，构建"小政府、大社会"。

（二）新公共服务理论

新公共服务理论是在对新公共管理理论进行反思的基础上产生的，主要观点有：政府的核心职能是服务而非掌舵；满足公共需要的决策和方案可以通过全社会共同努力和协作来得以实现；公共管理不应只注重效率，也应贯彻人本理念，政府服务的对象是公民而非顾客；政府的责任并不是

---

① 梁立新.公共文化服务公民参与的价值及实现路径——基于浙江景宁实践的启示[J].丽水学院学报,2014,（3）:22-27.

单一的，而是多方面复合而成的；政府应该树立公共服务精神，摒弃企业家精神[①]，等等。

（三）公共产品理论

公共产品理论认为社会化、市场化与民营化是公共产品供给方式的变革方向，主张在公共服务领域推广合同外包方式，其主要观点有：公共产品应该进行分类以评价是否纳入购买范围，按照竞争和排他程度可被分为纯公共产品与准公共产品，纯公共产品如国防等，应当由政府直接提供，而准公共产品如教育、社区服务等，则可以由市场或社会提供。公共产品的法定提供者与实际生产者是可以分离的，政府可以通过购买的方式组织市场或社会力量等来生产，而政府只保留监督职责、解决资金来源问题。政府购买公共服务可以实现公共产品多元化供给，有效提高公共服务的供给效率。

（四）公共治理理论

公共治理理论希望政府有自知之明，做自己应做和能做的事，重视网络社会各种组织之间的平等对话，建立系统合作关系。公共治理策略是通过公共政策的运行最终实现社会公众的公共服务需求。尽管关于公共治理理论在我国适用性存在很多争论，但中国社会公共治理应该实现政府、市场与公民社会之间的良性互动，以此来弥补政府和市场在调控和协调过程中的某些不足。

（五）第三部门理论

第三部门指在第一部门或公共部门，与第二部门或私人部门之外，既非政府单位，又非一般企业的组织之总称，如慈善组织、志愿组织等以服

---

① 珍妮特·V.登哈特，罗伯特·B.登哈特.新公共服务:服务,而不是掌舵 [M].丁煌译.北京:中国人民大学出版社,2010.

务公众为宗旨，不以营利为目的，其所得不为任何个人牟取私利的机构。第三部门的产生，普遍认为与政府失灵说和市场失灵说密切相关。政府和市场因其活动方式、特点及其任务的复杂性而难免存在不足，不能完全胜任社会赋予的重任，从而导致非政府组织应运而生。非政府组织在提供公共服务方面有一定的优越性，能有效弥补政府和市场在公共文化服务领域的不足，对政府和市场的不当行为能起到监督、制约和防范作用。

（六）公民社会理论

20世纪80年代到90年代发生在东欧及部分拉丁美洲国家的民主化浪潮，对现代公民社会的兴起起到了决定性影响。公民社会是非强制的人群建立的共同社会（association）空间，不同于发挥强制力的国家和追求利益的市场，公民社会包含丰富多样性的中间团体，因此公民社会也被定义为不同于国家和市场的、多样的、互动的第三领域，对国家和市场具有对抗性和补充性关系。公民社会对现代的民主理论也产生了极大的影响。

第二章　国外经验

一、国外社会力量参与公共图书馆事业建设的概况

在新公共管理运动的推动下，世界各国在引导社会力量参与文化服务的过程中，由于历史、国情、政治制度和管理方式的差异，形成了不同的公共服务制度模式：美国、德国等国采取"民间主导"模式，中央到地方政府没有文化行政主管部门，政府主要以政策法规营造环境，鼓励各类文化组织自我生存，提供公共文化服务。英国、澳大利亚等国采取"公私伙伴"模式，在中央政府文化行政管理系统之外，大量自主、半官方、专业的文化艺术基金管理组织等中介机构，分配文化资源，管理文化事务，提供文化服务。如英国文化、媒体与体育部（Department for Culture, Media and Sport, DCMS）和沃尔夫森基金会之间在公共展馆领域开展公私合作项目。法国、日本等国采取"政府主导"模式，政府在公共文化建设中处于主导作用，从中央到地方设立文化行政主管部门，在具体执行过程中，政府积极引导社会力量参与。

虽然各个国家的文化体制各不相同，但国外引导社会力量参与公共文化建设的先进公共管理理念，在转变政府职能、引入市场机制、公民社会参与和互动等方面，对我国都具有借鉴作用。

（一）美国

美国公共文化服务体系建设讲求效率又维护公平，政府动用资金满足

最基本文化服务需求，同时发挥市场资源的配置作用，以社会力量为主、政府组织协调为辅，促进两者相辅相成[①]。

　　美国的文化设施由公共图书馆、博物馆、艺术画廊、歌剧院、游乐场以及公园等组成，种类丰富、形式多样。美国没有设立专门部门对文化进行直接管理，而是采取间接管理模式，通过引导扶持，即通过出台激励扶持政策，引导企业、非营利组织和个人赞助公共文化[②]。1964年美国国会通过《国家艺术与文化发展法案》，同年9月成立国家艺术委员会，1965年正式建立了国家艺术基金会（National Endowment for the Arts）和国家人文基金会（National Endowment for the Humanities），通过基金会对文化艺术进行资助。美国公共文化建设的重要特征是公民参与，参与的重要形式之一就是通过第三部门。第三部门是区别于政府与盈利企业的非营利组织，包括非政府组织、慈善组织、志愿组织、宗教团体、免税机构等，是美国社会公共事业发展繁荣的基本组织。美国拥有全世界最发达的非营利组织。非营利组织构成了美国多元化公共文化产品或服务的提供主体之一，让政府可以通过分类公共物品，以竞争机制原则选择不同的主体来提供服务。美国政府大量通过如合同外包或拨款等方式购买公共文化服务，非营利组织收入总额的31%都来自承接政府购买项目[③]。与欧洲国家相比，美国非营利文化艺术机构接受捐赠的比例也是最高的[④]。非营利组织还可以有效提高社会自治和促进社会和谐。美国有80%的人都有非营利组织的工作经历，提

---

①　肖婷.美国公共文化服务体系建设研究 [D].武汉：湖北大学，2014.

②　冯庆东.美国公共文化服务体系建设与管理的主要特点及启示 [J].人文天下，2015（16）：18-21.

③　郑杭生.社会学概论新修 [M].北京：中国人民大学出版社，1994：348.

④　张雪超.美国艺术资助制度 [EB/OL].[2007-04-06].http://www.ccmedu.com/bbs2_41430.html.

供社会公益自愿服务，提升了社会整体道德素质与精神文明水平。美国通过税收优惠政策将那些致力于文化、教育及其他公益目的的非营利组织列入免税行列，进而对这些组织进行间接扶持。

案例：美国"图书馆之友"的产生历史和发展经验

"图书馆之友"在美国有多种名称，如"Friends of""Associates""Fellows""Club""Society"等。美国"图书馆之友"最早可以追溯到1896年加利福尼亚州圣胡安包蒂斯塔市成立的图书馆支持团队（San Juan Bautista Library Auxiliary），它主要开展图书馆书籍捐助，是美国"图书馆之友"的雏形。1922年美国第一个真正意义上的"图书馆之友"——伊利诺伊州格伦埃林公共图书馆之友（Friends of the Library of Glen Ellyn Free Pubic Library）诞生。1925年美国第一个"大学图书馆之友"在哈佛大学成立。1979年美国成立了全国性的"图书馆之友"组织——"美国图书馆之友"（Friends of Libraries U. S. A.，FOLUSA），为美国各州及地方性的"图书馆之友"组织提供发展及支持，使得他们募集资金的成效能达到最优化。2009年FOLUSA和美国图书馆信托与倡导者协会（the Association for Library Trustees and Advocates，ALTA）合并，成为ALA的一个扩展部门，新的组织称为"图书馆信托、倡导者、朋友、基金协会"（the Association of Library Trustees，Advocates，Friends and Foundations，ALTAFF）。[①]

美国"图书馆之友"建立的经验主要有[②]：

- 需要馆长的支持，学校主管领导的认可；

---

① 谢小燕. 中国建立图书馆之友组织的研究 [J]. 图书情报工作，2011，55（19）：82-87.

② 赵伟娜. 美国"图书馆之友"的发展及其启示 [J]. 新世纪图书馆，2009（1）：82-84.

● 搭建读者和图书馆交流平台、政府和图书馆的沟通平台，通过募捐来支持图书馆的发展；

● 需设立办公室和执行委员会，主持并定期召开会员大会，由专人负责图书馆与"图书馆之友"间的协调事项；

● 调动一切公关关系、媒体力量来招收会员，宣传图书馆特色服务，通过一系列会员优惠制度来吸引会员；

● 通过作者签名售书、专题书展、承办活动、游说捐赠等方式，充实馆藏和经费，并提升图书馆的服务品质与形象；

● 制定组织章程作为保障，章程应包含名称、目的、会员及会费、人员及职责等内容。组织章程草案应呈送馆长、图书馆委员会及学校行政主管核定；

● 建立网站或专栏，以扩大影响，定期报道相关活动和计划；

● 拟定长期发展计划，定期评估，发展募款策略并设定切实可行的目标。

（二）英国

英国公共文化服务发展以分权和共治为主要特色，强调社会力量参与[①]。英国政府与非政府文化组织共同管理，奉行"一臂之距"原则。公共文化事务委托非营利组织参与管理，使政府部门与具体文化提供组织之间保持距离。英国政府公共文化管理部门只负责宏观文化政策指导与财政拨款，而不干涉具体事务，保持了公共文化资源分配的合理与公正，满足了公众对公共文化服务的多层次需求。

在公共文化事业资助上，英国政府是主要出资者，同时还积极鼓励企

---

① 苗瑞丹. 英国公共文化服务的分权与共治经验及其借鉴 [J]. 马克思主义与现实，2016（4）:169-175.

业、组织和个人赞助，形成了多元化资助模式。政府不是直接对基层文化机构提供资金支持，而是借助非政府文化组织具体规划财政拨款来实现。政府还通过鼓励企业赞助和发行国家彩票等多种方式鼓励社会资本注入。如私人主动融资（Private Finance Initiative，简称PFI）就推动了公共文化服务融资渠道的多元化。1984年英国中央政府出台《激励企业赞助艺术计划》，实行政府"陪同投入制"。2014—2015年英国来源于彩票公益基金的公共文化资金分配投入已超过50%。

英国文化、媒体与体育部借助30多个非政府文化组织具体运营公共文化事务，实现对全国公共文化事业的协调管理。这些非政府文化组织通常由文化领域的专家、非官方从业人员与志愿者组成，联合本地区地方政府、私营企业、艺术家和艺术组织，并广泛吸引社会力量参与。

英国进行公共文化服务市场化改革，推动公共文化服务治理机制的创新，将现代企业管理方法与市场竞争理念引入公共文化服务领域，对于公共文化服务质量和效率的提升，对于公共文化事业管理专业化的推动，具有积极作用。如2011年大英博物馆设立理事会，建立了委托管理委员会制度。理事会由10—20名无薪委员组成，负责博物馆发展与经费规划，并审查执行情况，推动了大英博物馆相关文化资源的拓展和博物馆经营管理的专业化。大英图书馆将现代公司制度引入，通过建立有限公司承担图书出版、零售、批发和许可等事务，促进了公共图书馆的公共文化服务与公共文化经营相分离。

案例：英国公共产品供给的PFI模式实践

私人主动融资模式是1992年在英国被首次提出的。20世纪70年代末80年代初，英国公共部门改革面临膨胀的财政赤字，导致公共财政预算紧张和公共部门功能减弱，公共服务水平低下。为变革公共服务的基本格局，以最小的成本提供优质的公共服务，90年代以来英国在政府垄断的公共领域，推动公共部门的权力向民间转移，民营企业通过竞争招标承担公共事务，从而形成以民间资金为主的、低成本高质量的公共产品供给PFI模式。

作为一种基础设施服务的采购方式，PFI可以充分调动私人资本在项目建设和运营方面的经验，提高资金使用效率，实现物有所值。在这个模式下，社会资本出资成立项目公司，由项目公司负责基础设施的设计、建设、融资、运营和维护。在长期的合作中，通过合同约定的方式，政府机构按照项目的可用性指标考核情况，支付给项目公司可用性付费，用以覆盖项目公司的建设期资本性开支、运维成本以及一定的投资回报。PFI通过合理分配政府部门和项目公司之间的风险，全面考虑项目公司对项目资产的全生命周期，从而实现公共服务的优化供给，达到物有所值的目的。PFI其实就是一种政府可用性付费的PPP（Public-Private Partnership，政府和社会资本合作）项目。它适合投资规模较大以及建设期运营期一体的基础设施项目。1997年上台的布莱尔工党政府在全英国大规模推广这一模式，经过五年时间的发展，PFI已经成为英国最常见的PPP类型，有超过700个项目完成融资，总投资额达547亿英镑。PFI在诸如学校、医院、道路、监狱、住房、国防以及垃圾处理等领域得到了运用。

采用PFI模式的项目在实际操作中存在一些问题，如对项目所形成的负债以及投资者的回报等相关信息的披露缺乏透明；采购过程过于冗长，给政府部门和社会资本都带来巨大的成本；合同在项目运营期不够灵活；风险转移不合理，从而导致政府部门支付了更多的风险溢价；等等。

2008年英国伦敦豪恩斯洛自治区（London Borough of Hounslow）将其图书馆与文化服务整体外包给约翰莱恩整合服务公司（John Laing Integrated Services，JLIS），该图书馆成为英国第一个也是唯一一个把图书馆服务整体外包给私营公司的图书馆。约翰莱恩公司的报告称，在项目实施的 18 个月内，外包方案为图书馆理事会节省了 100 万英镑的经费。

（三）日本

日本"文化立国"的战略[①]号召为公民提供丰富的文化产品和服务，为多样化供给创造了良好的环境[②]。

日本文化服务体系设施完备、网络发达。公共图书馆、公民馆、博物馆（美术馆）、剧院等都是提供公共文化服务的重要场馆。由公司或私人建设运营的各类风格美术馆、博物馆和图书馆等文化设施，与公立文化设施互为补充。据统计，在全部 89 969 家社会教育设施当中，有 37 346 家为私立设施，约占 41.5%。日本在建设文化设施过程中，注重整合公共和商业元素，突出综合功能，剧场、音乐厅与市民会馆、博物馆、美术馆、商业中心、写字楼等融合建设。日本民众也积极投入公共文化设施服务，在各类社会教育设施中登记的志愿者总数为 55.2 万人（其中女性为 35.3 万人）。

日本中央和地方政府在财政上为公共文化服务提供必要保障，是发展资金的主要提供者。企业及各类基金是日本公共文化服务融资的重要对象。基金会对日本文化艺术发展也提供稳定的资金支持，其中包含专门的文化艺术基金会，如日本文化艺术振兴基金（JAF），也有面向文化艺术领域资助的综合性基金会。

非营利组织是日本公共文化服务体系多元化供给的重要推动力。如非营利组织企业赞助艺术协会（KMK）于 1990 年由私营企业创立，旨在促进

---

① 文化政策推进会议. 新しい文化立国をめざして—文化振興のための当面の重点施策について—[J]. 月刊文化財,1995（9）:6

② 于晗,赵萍. 日本公共文化服务的多元化供给及运营模式 [J]. 新视野, 2014（6）: 110-113.

企业对艺术团体的支持。2008年日本开始实施的新公益法人制度在公共文化领域推进，增强了文化政策对非营利组织的激励作用。

日本政府面对社会发展和时代进步，面对财政资金压力与公民日益多样化的公共文化服务需求，开始不断创新公共文化机构的管理理念和方式。为此，日本开始减少政府部门的直接控制，积极引入社会力量参与公共文化机构的管理运营，实行了从"委托管理"到"指定管理者"制度的发展。

案例：日本公共图书馆从"委托管理"到"指定管理者"制度的发展

1981年，日本京都市政府为了应对财政危机，削减成本，节约开支，开展了公共图书馆的"委托管理"。当时日本图书馆委托外包的内容主要为物业、安保以及电器设备、图书装订、复印、计算机业务等。1999年日本正式实施《利用民间资金促进公共设施等整备相关法》，明确提出鼓励将公共设施的建设和经营委托给专业民营企业去做。这一举措主要是迫于国家和地方上巨大的长期债务压力。随着日本政府大幅度缩减图书馆经费和人员，日本在顺应时代发展的基础上，许多地方在新建公共图书馆时使用了PFI模式，2004年日本桑名市图书馆采用PFI方式正式开馆[①]。2003年，日本政府专门对《地方自治法》进行了修订，废除了"委托管理"制度，创设了"指定管理者"制度。日本政府允许政府将公共文化设施（图书馆、博物馆、文化馆等）的运营权外包给私营部门，这种改革进一步放松了管制，向各种类型的组织机构敞开了大门，包括盈利企业、非营利组织以及和地方政府没有资本关系的机构。据统计，在52 623家公立社会教育设施当中，有15 292家设施引进了"指定管理者制度"，占比约29.1%[②]。

---

① 沈丽云. PFI在日本公共图书馆的实践 [J]. 图书馆杂志，2004，23（8）:68-69.

② 文部科学省.2015年社会教育调查报告 [EB/OL]. [2017-05-19]. http://www.mext. go.jp/b_menu/toukei/chousa02/shakai/index.htm.

日本武雄市是一个人口约为5万人的以农业和观光为主的小城市。位于长崎县边境，以温泉闻名。武雄市图书馆在2013年4月1日重新装修，一经开放就大获成功，成为日本风格创新、话题十足的公共图书馆。它是一家包含了公共图书馆、书店、DVD出租店、星巴克咖啡店的复合式生活空间。开放仅3个月，就创下入馆人数26万的记录，是当地人口的5倍，成为当地新兴观光景点。它由政府委托文化便利俱乐部股份有限公司运营，是民营机构运营公共图书馆的典范。

二、国外社会力量参与公共图书馆事业建设的方式

（一）慈善捐赠

慈善捐赠是一个社会文明程度的重要标志，被公认为社会的第三次分配，有缩小贫富差距、促进社会平等的作用。

国外发达国家引导社会力量对图书馆进行慈善捐赠的成熟度较高。一方面，政府制定有效政策引导社会力量对图书馆进行捐赠，营造公益慈善的社会氛围，并建立专业化的慈善公益机构运作。早在1917年，美国政府就出台了免税政策鼓励捐赠。匈牙利的有关法律规定同一企业的捐款不能投入同一个行业，从而为图书馆领域获得捐款提供了机会[①]。《俄罗斯图书馆事业联邦法》专门规定国家通过拨款和实行相应的税务、信贷以及价格政策来支持图书馆事业的发展。专业化的社会慈善公益机构来处理社会公益捐赠也是国际潮流。在国际上一般来说，除了政府间的捐赠由政府接收之外，各种社会人士都是首先捐赠给慈善公益机构，再由这些机构向有需要的社会群体和个人开展具体援助。以卡内基图书馆为例，卡内基只捐赠图

---

① 苏品红.匈牙利图书馆的经费来源[J].国家图书馆学刊,2002（2）:84-86.

书馆建筑，而图书馆的运营费用则需地方政府承担，并且对运营经费标准有一定要求，要求地方政府必须保证每年拿出不低于捐赠款10%的费用用于图书馆的运营维护，而且总金额通常按当地人口每人2美元计算，使其捐赠的图书馆能得到持续发展。

另一方面，国外图书馆重视向社会募资，把募捐和筹资作为图书馆工作的主要内容之一，通过提高自身的服务水平以吸引社会资助。美国要求图书馆募捐设置专门部门，有固定管理人员、成熟的筹措计划、详尽的使用方案，定期进行反馈和总结，并且由社会参与管理、募集、使用、监督全过程，保证社会捐助的合理使用。此外，考核图书馆馆长能力的重要指标就是馆长的募款能力，明确规定馆长的首要任务就是募款。

案例：卡内基捐赠图书馆

安德鲁·卡内基（Andrew Carnegie，1835—1919），被称为美国钢铁大王，他除了是著名的企业家，更是一名慈善家。

卡内基1835年出生在苏格兰爱丁堡丹佛姆林（Dunfermline），父亲做亚麻手工纺织工作，母亲制鞋。最初家境尚可，后来受到工业革命冲击，致使他家这种小手工业主破产，全家搬迁到美国宾夕法尼亚州匹兹堡市阿雷尼镇。卡内基先后做过童工、送报员等，后来到铁路公司从事管理工作。1865年美国南北战争结束，卡内基瞄准钢铁工业的商机，筹集100万美金建立了卡内基钢铁公司。仅仅二十几年时间，卡内基钢铁公司成为世界上最大的钢铁企业，卡内基本人则成为美国仅次于洛克菲勒的超级富翁。

面对财富和慈善捐赠，卡内基发表过作品《财富的福音》和《慈善捐赠的最佳领域》。他认为富人要用有效的方式管理和使用财富，应将剩余财富返还大众，带来长期利益。他还认为，大学、图书馆、医院、公园、音乐厅、体育设施、教堂是慈善捐赠的最佳领域，并对图书馆最为重视。卡内基认为捐建免费的公共图书馆比所有其他公益事业都要好。因为图书馆的读者比那些"懒散、不用功的穷人"对社会更有价值。卡内基为感谢当年借书给他的安德森上校，在安德森上校私人图书馆的旧址上，捐建了匹兹堡卡内基图书馆。这座图书馆馆舍面积1.8万平方米，还包括音乐厅、画廊和自然博物馆。至20世纪60年代，匹兹堡卡内基图书馆有分馆15座，藏书总量达213万册。

为保证图书馆的可持续发展，卡内基对捐建图书馆有一定要求：申请卡内基图书馆，必须由政府提供土地；地方税收必须保证每年拿出不低于捐赠款10%的费用，作为图书馆的运营维护费。

卡内基图书馆是美国很多地方的标志性建筑，文艺复兴、巴洛克、新古典主义等不同建筑风格都有，每种建筑风格都是由当地社区居民自己决定的。有时图书馆还承办音乐会、讲座、会议等社区活动，并且承担博物馆和图书馆双重功能。

卡内基图书馆的对美国民众民主意识的提升也起着推进作用。在20世纪初，美国女性刚刚获得投票权。建立卡内基图书馆让很多地区的妇女有了平生第一次投票决定公共事务的机会，美国妇女也成为图书馆最热情的支持者。在各城镇的卡内基图书馆建设过程中，当地的妇女俱乐部起到过非常重要的作用。而在图书馆工作的大量女性，也比其他领域的雇员，较早获得男女同工同酬的权利。

1919年，卡内基因肺炎逝世，终年84岁。生前他已经捐出全部财产的90%，在美国建立了近1700个图书馆，而他去世以后，卡内基基金会还会继续进行慈善捐赠。

（二）政府购买

以英国、美国为代表的西方发达国家，从20世纪70年代末起，面对不断扩大的社会需求、公共服务开支的急速膨胀与政府服务低效之间的矛盾，对公共服务体制进行了大规模的改革。公共服务的特征是政府保障公民基本权利、促进会公平。西方发达国家对社会福利做出变革的重要内容之一，就是采用政府购买方式提供公共服务。这一发展过程与民营化改革、公共服务和社会管理理念发展相结合，因此也是市场化改革和社会化改革并重，在经济自由和社会民主中探索平衡的过程。纵观西方各国实践，政府购买公共服务经历了由起步探索到蓬勃开展，随后又进入反思完善的三个阶段①。

进入21世纪，西方发达国家开始了政府购买社会公共服务的平缓化发展过程。法国等国家政府将社会公共服务项目进行分类，视其关系民生的重要性和关键程度来决定购买的深度和广度。如，巴黎东京宫当代艺术中心（Palais de Tokyo）受法国文化部委托开展公共服务，按企业模式运作，但以非营利、低票价为公民提供艺术表演。英国、美国等国家政府购买社会公共服务的覆盖面仍较广，采用混合管理战略。

案例：美国加州河滨县图书馆系统管理外包

1983年，美国白宫管理与预算办公室（Office of Management and Budget）宣布联邦系统的图书馆可以进行"私营"（privatization）。1997年7月，美国加利福尼亚州河滨县（Riverside County）把图书馆所有业务和管理都外包给一家私营商业公司，引起了美国图书馆界关于图书馆私营的激烈讨论。

河滨县政府与私营公司合作的内容包括：①县政府拥有提供公共图书馆服务所必需的有形资产。私营公司提供管理服务，雇用必要的工作人员。②县政府设立顾问委员会，负责制定图书馆政策，但仅限于一般事务性政策。③县政府派出专职图书馆馆长，负责合同管理、执行和监督，负责图

---

① 冯华艳.政府购买公共服务研究［M］.北京：中国政法大学出版社，2015：91-92.

书馆采购和管理，但不负责图书馆具体运作，其工作直接向县长汇报。

1997年7月1日，美国图书馆系统和服务公司（Libraries Systems and Services，简称LSSI）①正式开始运营河滨县图书馆系统。在服务时间上，LSSI接管后，将河滨县图书馆的服务时间延长一倍。至2017年，滨河县图书馆的分支机构从1997年的25个增加到35个，运行成本共计节约90万美元，为该县增加了超过100个工作岗位，运行绩效显著②。1999年河滨县委托一家独立咨询机构对LSSI的运营表现进行评估，报告最终指出LSSI很好地履行了管理图书馆的义务③。这说明，在更少的经费支出条件下，LSSI并未缩减其服务，反而给当地居民带来了更好的图书馆服务。

河滨县图书馆是LSSI承接的第一个整体外包的图书馆，并取得了实效，因此一直是美国LSSI公司宣传的样板案例。在外包过程中，LSSI确实帮河滨县实现了服务提升，开发了更多的合作伙伴关系，完成了更多的建设项目，而没有给当地政府造成财政税收压力。它比相同规模和资源的图书馆实现了更多的服务创新。但河滨县的模式是否具有可复制性，能否在一定程度上推广，还有待考察。

（三）公私合作

公私合作模式最早是英国为缓解政府财政危机而使用的一种融资模式。

---

① 美国图书馆系统和服务公司,简称LSSI,是美国唯一一家提供图书馆管理运营外包服务的公司,被称为"美国第五大图书馆系统"。参见:ODER N.When LSSI Comes to Town [EB/OL]. [2019-02-20]. http://lj.libraryjournal.com/2004/10/managing-libraries/when-lssi-comes-to-town/.

② 苏福,柯平. 公共图书馆服务社会化的探索与实践研究 [J]. 图书馆论坛,2017（9）:55-61.

③ ALA.The Impact of Outsourcing and Privatization On Library Services and Management [EB/OL]. [2016-10-25]. http://www.ala.org/tools/sites/ala.org.tools/files/content/outsourcing/outsourcing_doc.pdf.

20世纪90年代后期，英国中央政府启动"公私合作伙伴制度"改革计划，2000年设立"合作伙伴组织"，该机构是独立运作、公私合作的合资企业，与英国中央政府保持着"一臂之距"关系。其股份构成中，私人部门占51%，其余股权是英国财政部和苏格兰行政院公共部门各占一半。英国合作伙伴组织的改组成立是英国中央政府正式建立并推行公私合作伙伴制度的标志。目前英国实行三级管理机构运作模式，实现不同层级项目的落地。英国财政部设立专门的管理机构——英国基础设施中心（Infrastructure UK），对项目进行评估决策，同时制定国家基础设施计划，发布重大和一般项目；英国"合作伙伴组织"向公共部门提供私营机构的专门知识及资源，并协助公共部门落实建设目标；地方政府拨款成立公私机构合作局，为发展公营、私营机构的合作提供支持。英国是全球公私合作市场最活跃和涉及领域最广的国家之一，PFI模式（私人主动融资）是英国公私合作的主要模式，也体现出英国公共文化服务公私合作模式的运行中，私人机构参与度较高。

随后，澳大利亚、美国、日本、加拿大等国家也相继建立了适合本国的公私合作模式政策框架和实施策略，尽管各国经济形态存在差异性，发展程度并不一致，他们对于公私合作模式基本内涵的界定也有所不同，但公私合作模式日益成为各国政府实现其经济目标、提升公共服务水平的核心理念与措施。

相较于政府包办项目而言，公私合作模式具有传统模式没有的管理灵活、节约成本、提升效率等优势，较多应用在交通、基础设施、环保、轨道等公共领域，在公共文化服务方面的应用也初露端倪。相对我国而言，国外这些发达国家拥有较为完善的政策体系、发达的市场经济环境，他们在利用公私合作模式建设和运营公共文化项目过程中积累了较多成功的经验，美国纽约时代广场、德国的智慧城市的建设等都采用公私合作模式运作。

案例：加拿大运用公私合作模式运作公共文化项目

加拿大是国际公认的公私合作模式运用得最好的国家之一。加拿大各级政府高度重视，大力推行和支持公私合作项目，1991—2013年期间共计启动了206个项目，总金额超过630亿美元，占加拿大国内公共服务领域项目的15%—20%，涉及交通、医疗、环境和住房等多个行业。加拿大实行公私合作模式具有明确的责任界定、健全的顶层设计和管理体制，有专业机构负责项目审核。

加拿大公私合作项目具体运作中尽量避免由不同社会资本方负责某个阶段导致的不稳定性和推卸责任；在项目完工之前，政府没有任何支付责任，项目建设完成并且达到事先约定的服务标准后，政府会履行支付责任，但支付期限延伸到项目的整个生命周期。

注重法律政策制度顶层设计。2003年5月加拿大工业部出版《公共部门成本控制——加拿大最佳实践指引》和《PPP公共部门物有所值评估指引》，成为公私合作项目的主要依据。加拿大各级政府通过进行基础设施规划，完善公私合作项目采购流程。

注重组织和管理体制建设。2008年加拿大在国家层面成立了公私合作指导中心（PPP Canada），该机构由加拿大联邦政府建立，通过财政部向国会报告，职责类似于英国的基础设施中心（IUK），主要负责公私合作模式的推广宣传、政策指导与技术援助，同时负责审核联邦级公私合作项目。加拿大公私合作指导中心下设"加拿大P3基金"，提供最高不超过项目投资额25%的资金支持。该机构按照商业模式以皇家公司的形式运作。公司具有独立的董事会，允许私人部门通过机构董事会监测PPP机构的运作情况并进行反馈。

注重服务和保障。加拿大联邦政府采用资金支持和培训等措施，鼓励基层公私合作项目运作。政府还为包括公共文化服务在内的公私合作项目提供"一站式"服务，即通过简化手续、开辟绿色通道等方式降低交易成本，提高项目运作效率。

加拿大首都渥太华申克曼（Shenkman）艺术中心就是加拿大政府运用公私合作模式运作的公共文化项目。政府与承接方签订合作协议，明确双方具体职责，约定艺术中心在30年租赁期限结束后将归还给政府。政府提供的"一站式"服务，为该项目的顺利实施铺平了道路。申克曼艺术中心于2009年完工运营，每年有超过300场艺术课程和200多场艺术表演，增加了社会参与度，提高了政府信誉，带来了社会效益。

（四）民办机构

在国外，民办文化机构无论是从发展历史、规模、价值，还是质量上，都是不能被忽视的。

国外的民办图书馆有两种类型：一种是在彰显财富和占有欲望心理影响下建立的豪华型私有图书馆；另一种是基于个人学习和爱好的小型家庭式收藏馆，也被称为家庭图书馆[1]。总之，民办图书馆不属于公立机构，通常只供少数人使用。有的图书馆主人会用邮票、标签或者压花等形式来表明自己对收藏物品的拥有权[2]。最早的民办图书馆可能是古希腊时代亚里士多德建立的图书馆。英美等国的民办图书馆，在公共图书馆运动之前已相当普及，而公共图书馆运动之后则迅速减少，这些所剩不多的民办图书馆，大多依靠服务特殊需求的专业人群来生存。

---

[1]　IRWIN R. The heritage of the English library [M]. London: George Allen & Unwin LTD, 1964.

[2]　Wikipedia. Private library [EB/OL]. [2006-10-15]. http://en.wikipedia.org/wiki/Private_library.

一直以来美国人都以私人藏书的藏书规模、内容的深度广度为傲。18世纪到19世纪末，民办图书馆是美国图书馆的主要存在形式。在公共图书馆流行之前，这些民办图书馆起着为学者服务、保存历史资料的作用。美国早期公共及学术图书馆的藏书很大一部分都来自民办图书馆的捐赠或者收购。

日本从18世纪末到19世纪中期，也出现了许多知名的民办图书馆，如成田图书馆、大桥图书馆等，1946年达到854所。二战后许多民办图书馆由于经费紧张，被地方公共图书馆兼并，或转为政府运营。1954年日本民办图书馆有57所，到2000年仅剩26所。

案例：英国早期民办图书馆

1850年世界上第一部公共图书馆法在英国诞生，由政府建立、向所有居民免费开放的公共图书馆由此诞生，并引发了世界范围的公共图书馆运动。而在1850年以前，英国的民办图书馆是相当普及的。

17世纪至19世纪中期，英国社会有各种各样的民办图书馆，这些图书馆由私人建立，锁定不同的目标人群，在藏书规模、经营和收费方式上灵活、适应性强，满足了社会公众对图书馆的强烈渴望，促进了经济社会文化的发展，在英国图书馆史上占据着重要地位。英国早期民办图书馆主要类型有[①]：

● 咖啡馆图书馆：最早由犹太人于1650年在牛津建立。服务人群包括富商、工人、学徒、贫民等各种身份的人。主要提供报纸、宣传单等，收费低廉，数量遍及全国，是信息传播的集散地。

● 教区图书馆：兴起于17世纪末和18世纪，多数由教会、福音协会创办，由捐赠建立。服务人群包括地方传教士、神职人员、教区民众。早期

---

① 张月英. 英国早期民营图书馆发展概况研究 [J]. 图书馆工作与研究，2013，1（10）:21-26.

主要提供宗教读物，后来藏书范围扩展为"一切有用的知识"。到18世纪末数量已达几百所。

● 慈善学校和主日学校（Sunday school）图书馆：由福音主义者创办，靠社会捐赠维持。服务人群包括农民、矿工等社会底层贫民及其孩子。藏书包括读写、算术、女红等普及性教育读物，以及成人基础教育类书籍。这类图书馆普遍规模小，不收费，至1787年服务人数约达25万。

● 租借图书馆：最早于1725年由出版商在爱丁堡创办。图书馆主要收藏娱乐性、通俗型读物，以小说为主，服务对象面向普通民众，用户借书只需支付少量租金。到18世纪末这类图书馆数量已达上千所，在大城市已基本普及。

● 会员图书馆：最早于1758年由利物浦的一家阅读协会发展而成。服务对象主要是工资较高的工人、绅士、商人、知识分子等，由会员共同出资购入书籍，轮流阅读，后来发展成缴纳会费，成为会员图书馆。馆藏尤以纯文学、历史、文物、旅游、自然史方面的图书和期刊为主，同时设有俱乐部，定期举行活动。规模不大，藏书一般都少于千册，入会会费几英镑不等，盛行于18世纪后期。其中最大的伦敦会员图书馆拥有会员500名。

● 机械工人学校图书馆：最早创建于1800年。服务对象多数为工人、手工业者、商人，经营方式类似于会员图书馆，藏书多为理工书籍，还组织讲座和社交聚会。到1850年，此类图书馆遍布每一个工业区，数量达六七百所，为提高工人阶级的文化水平做出了贡献。

● 工人图书馆：由工人创办，一般设在大城市的工人俱乐部、工会、工人政党所在地。主要收藏革命书刊，采取租借或是会员制经营，藏书规模较小，一般只有50册左右，收费低，到19世纪非常普遍，为提高工人的阶级意识服务。

总之，英国早期民办图书馆的特点有：定位明确，各类型图书馆具有特定的目标人群；经营特色鲜明，各类图书馆根据服务人群需要建立自己独特的经营方式；注重特色馆藏；配合开展丰富多样的活动；实行一定的收费方式以维持运营。

（五）志愿服务

现代意义上的志愿者起源于西方国家的慈善事业，已有二百多年历史。美国志愿活动不但历史悠久，在现代社会已经成为人们日常生活的一部分。据报道，2013年美国志愿服务人数达6260万，平均每人32.1小时，创造价值达1730亿美元[①]。美国图书馆的建立和发展离不开志愿者的帮助和支持。1973年《国内志愿者服务法》等法律制度保障，宗教慈善精神，图书馆之友、图书馆基金会等非营利组织[②]的支持及志愿者相关理论研究是美国图书馆志愿者蓬勃发展的重要环境要素。2002年英国一项关于公共图书馆引入志愿者的调查显示，85%的公共图书馆提供志愿者服务[③]。在英国由志愿者运营社区图书馆，替代有酬工作人员的方式正在兴起。1987年日本就公共图书馆开展志愿者活动的全国性调查显示，已开展志愿活动的市立图书馆占70%，町图书馆占39.7%，都道府县图书馆占39.7%[④]。

总之，国外图书馆志愿服务工作开展时间较早，开展范围较广，在志愿者管理、运作与保障机制建设上都有自己的特点，如招募和培训、工作

① Corporation for National and Community Service. Volunteering and civic engagement in the United States [EB/OL]. [2014-10-28]. http://2013.volunteeringinamerica.gov/national.

② 白兴勇. 美国图书馆志愿者研究 [D]. 北京：北京大学，2016：62-87.

③ 陈永娴. 图书馆志愿者管理相关问题探讨 [J]. 图书情报工作，2005（12）：123-126.

④ 宁艳艳. 关于高校图书馆开展志愿者活动的设想 [J]. 河北科技图苑，2002（6）：25-26.

时间和内容、工作考核和评价、权利和义务、激励措施等方面，对我国鼓励公共图书馆的志愿者参与有重要的参考和借鉴意义。

案例：澳大利亚国家图书馆：志愿者服务项目

澳大利亚的志愿服务对整个社会的影响程度非常深。澳大利亚总人口2200多万，据统计18岁以上的志愿者达到540万，约占总人口的27%；其中，44%的志愿者年龄分布在35—44岁之间，这些人平均每年的志愿服务时长达到7.13亿小时。志愿服务的领域主要集中在社区福利、教育培训、体育休闲等方面[①]。

以澳大利亚国家图书馆为例，自1989年起就开展了"志愿者服务项目"（The Volunteer Program）[②]，该项目旨在为社会公众提供支持和提升图书馆服务的机会。项目无论在图书馆日常服务还是在临时活动中，都已形成了比较完善的管理运作模式。图书馆专门为志愿服务制定了"志愿者项目政策"（Volunteer Program Policy），由志愿者项目工作组作为主管负责部门，招募采取媒体广告、网上申请或直接向志愿者管理部门报名等方式。志愿服务内容包括前台服务（短期、需要定期认证）和后台服务（相对长期、半年认证一次），两种服务项目分别针对不同服务对象。图书馆对志愿服务的激励措施包括享受职业健康与安全保障、个人保险、舒适的工作环境、馆内通信设备及其他可利用资源等。

● 前台服务：包括前台服务台（Foyer Information Desk，FID）、礼宾志愿服务（Concierge Volunteers）和图书馆导览服务（Volunteer Guides）。

① 澳大利亚志愿服务发达完善 [EB/OL]. [2012-06-05]. http://news.ifeng.com/gundong/detail_2012_06/05/15049205_0.shtml.

② Become a volunteer [EB/OL]. [2017-06-05]. https://www.nla.gov.au/support-us/volunteers.

前台服务台志愿者在周末和公共假日向游客提供有关图书馆服务和设施的信息。礼宾志愿者在大型展览和节假日等高峰期欢迎游客来图书馆参观。这些志愿者需要具备一些基本的接待礼仪和经验，并对图书馆馆藏、服务和展览有一定兴趣和了解。志愿者导游提供带领公众参观图书馆建筑、展览及其他所需服务。一般公众或团体组织均可参观图书馆，因此志愿者导游需要具备与公众打交道和与团体交谈的经验。志愿者导游通常会被问及图书馆的相关问题，因此必须了解图书馆的功能和作用。

● 后台服务（Behind-the-Scenes）：志愿者会被安置在图书馆后台业务岗位上，负责明确的项目工作，在工作区域内图书馆会指派一名主管，负责指导和协助他们完成志愿者项目。

澳大利亚国家图书馆志愿者计划的定位是支持图书馆实现战略目标，在弥补员工专业技能上的不足、充实图书馆资源来加强计划和项目方面发挥重要作用，但不会使用志愿者从事有偿工作或替代有偿工作人员。

据澳大利亚国家图书馆官方网站显示，2009—2010年度共有77位不同知识背景、不同生活经历的志愿者参与图书馆服务，占当年馆员人数的15.68%，协助工作人员回复约2000位图书馆注册会员的提问，并帮助接待了国内外大约54万的到馆读者[①]。

（六）公民参与

国外一些国家十分重视鼓励公民参与，并且在治理浪潮中，公民参与被赋予了更多内涵，参与不再局限于政治参与，而是涵盖政治、经济、文化、环境和社会等多方面。此外，参与的目的不再局限于影响政府活动，而是更加注重有效地实现公共利益，尤其侧重于基层社区治理方面，并形

---

① 刘通. 澳大利亚国家图书馆志愿者服务实践及对我国的启示 [J]. 图书与情报，2012（1）:27-30.

成了不同类型的参与方式和特色。如新加坡在国家与公民社会关系上偏向于发挥国家主导作用。政府通过法定机构——人民协会的基层组织，即民众联络所、公民咨询委员会、居民委员会和社区发展理事会来实现对社区的管理。从1951年新加坡第一家民众联络所建立，截止到2012年，新加坡共有106家民众联络所。美国在国家与公民社会的关系上重视公民的自我治理、自我组织，政府只从政策法律上进行间接干预和指导。在不影响国家或区域整体发展战略的前提下，美国每个社区都有权根据本社区的实际情况因地制宜地进行社区治理，像社区建设规划、公用设施建设和土地利用审批等，都要通过听证会的方式征询社区居民意见。而居民的参与意识也特别强，通过竞选、参加社区会议和听证会、加入非营利组织、从事志愿服务等多种形式广泛参与①。日本在国家与公民社会关系上则强调紧密合作，将政府行政管理和社区居民自治相互结合。日本社区开展文化娱乐活动的主要场所是公民馆，公民馆设有事务管理局处理日常事务，其设施和费用一般来自社区捐筹和政府支持经费。

案例：美国亚拉巴马州休斯敦县图书馆：改造征求民意

美国亚拉巴马州休斯敦县中央图书馆位于多森市的一所老旧学校建筑内，面积约4181平方米。然而，由于图书馆设备家具陈旧、馆藏过时、读者活动少、长期缺乏资金，所能提供的服务已经很难满足当地需求，因此门庭冷落，读者很少。在市民的呼吁下，本地居民和企业家组成了改造图书馆委员会，重新规划图书馆，并争取到了多家基金会的支持。2010年美国亚拉巴马州休斯敦县的图书馆系统在民众支援下开始进行改造。

改造委员会首先找到了曾在比尔·盖茨基金会的重建图书馆项目中任

---

① 潘晓莉.美国社区治理中的公民参与 [D].武汉:湖北大学，2011.

职，对推动图书馆与社区融合方面有丰富经验的专业人士担任项目主管。接着，委员会对社会需求进行了大范围的调查。他们发动媒体广泛宣传，举办各种论坛，通过调查收集反馈信息。收集汇总的居民意见让当地政府官员、企业家了解到了居民对于图书馆服务的渴望，也明确了建设现代图书馆的各种理念。图书馆改造需要的800万美元资金通过公私合作模式筹集。委员会首先从政府、企业、各类组织和居民中募集到300万美元，随即开始了改造工程，随着工程的推进，居民开始追加资金投入，使得改造项目最终顺利完工。

经过改造，休斯敦县图书馆系统拥有四家分馆和一家流动图书馆。与此同时，图书馆获得了财政支持经费的两倍增长，社会捐赠也在不断增加。图书馆每天到馆人数从2010年的800人，增长到改造后每天2500人。休斯敦县图书馆已经成为当地重要的文化、教育中心。

三、国外社会力量参与公共图书馆事业建设经验总结

（一）鼓励社会力量参与的相关法律政策制度配套完善

国外社会力量参与公共图书馆事业建设的相关法律政策制度配套完善。如政府制定有效政策引导社会力量捐赠，各国都认识到税收政策对社会公益捐助的激励作用。国外健全的税收政策和法规可以归纳为"一疏二堵"。企业和个人捐助社会慈善公益事业可以获得免税的待遇，同时征收高额遗产税和赠予税，对个人所得或遗产征收超额累进税等。政府还制定有效政策引导志愿者服务，如美国1973年制定颁布了《国内志愿者服务法》。政府出台中央性的公私合作法律，通过明确公私合作项目评估、市场准入、风险分担、生命周期、各阶段流程运作等方面来加强公共文化项目公私合作模式的顶层设计，等等。

国外政府会对鼓励社会力量参与的相关法律政策制度根据情况适时调整。他们从经验中认识到，通过市场化和社会化来提供公共文化产品与服务只意味着政府职责的内在结构调整，是政府履行职责的方式转变，并不表示政府责任的减轻、转移或消失。如日本政府角色就在随时进行适应调整。在推行"指定管理者"制度之初，政府实施招投标，在合同签订后对公共文化机构的具体管理运作不再干涉，彻底进行放权，最后导致文化场馆服务质量没有得到监管，同时场馆之间的合作协调出现困难。问题出现之后，日本政府马上适时调整政策，随后建立起相应的评估机制。

（二）合作方式多样化，合作伙伴类型丰富

合作方式多样化。在新公共管理等理论的推动下，世界各国均开始了引导社会力量参与公共文化建设的研究及实践，以法国、日本等为代表的"中央集权"模式，强调政府在公共文化建设中的主导作用；美国、德国等为代表的"民间主导"模式，鼓励各类文化团体或机构自我生存；以英国、澳大利亚等为代表的"政府和民间共建"模式，由自主、半官方的、专业的文化艺术基金管理等中介机构参与管理。各国公共文化服务社会化的形式多样，如慈善捐助、政府购买、公私合作、志愿服务、公民参与等。

合作伙伴类型丰富。私营企业能根据市场需求捕捉到商机，迅速反应。而文化类社会组织在文化治理体系中可以发挥"第三部门"的作用，它与政府、市场所承担的公共文化服务职能相辅相成，在资源动员、服务提供、活动实施、运营管理等方面具有专业化能力和独特作用，是国外政府以社会化机制和方式提供公共文化服务的主要依靠力量之一[1]。美国公共文化建

---

① 李国新. 文化类社会组织是政府购买公共文化服务的主要力量 [J]. 中国社会组织, 2015（11）:14-15.

设中，非政府机构、慈善机构、志愿者机构、宗教团体、免税机构等第三部门广泛参与。在日本，非营利组织也是日本公共文化服务体系多元化供给模式的倡导者。日本文化艺术领域的非营利组织的数量已经超过了两千个。

（三）引入社会力量的同时保持图书馆工作的专业性

国外在引入社会力量参与的同时，反对的声音也有很多，其中就包括不希望私营公司进入国家教育以及公共文化等公益属性领域。如公共图书馆由私营公司运营意味着公共图书馆可能成为另一个商业空间，将失去其公益属性和中立地位。在日本，由私营企业运营的茑屋图书馆就产生了暴露企业逐利本性、损害公共图书馆公益形象的现象。2015年神奈川县海老名市中央图书馆由CCC控股集团承接运营重新开馆后，读者发现馆藏中有关于泰国曼谷市色情按摩的图书，并且图书馆有超过一半的空间被书店和咖啡馆占据等，这些做法损害了公共图书馆的公益属性。国外许多社会力量参与公共图书馆管理、运营、服务的案例还存在降低工资福利、不要求图书馆学专业背景、严重依赖志愿者等现象。这些做法对公共图书馆核心竞争力的侵蚀，可能不会即刻显现出来，但这种情况已不容忽视。因此，在引入社会力量的同时必须注重保持图书馆工作的专业性。

（四）在社会力量参与的全过程注重监督和评估

在国外的实践中，通过招标采购、项目外包等方式，委托社会机构承办的各类文化活动，都需要依据政府文化采购的特点、范围、种类及管理方式，根据绩效评估实施办法，把拟委托承办的活动项目公布，公开征集承办单位申报，通过资格认定和公平、公开、公正的竞争机制，选定承办机构，并规范跟踪管理。为保证公共图书馆服务的专业性，美国加利福尼亚州河滨县指派专门的图书馆长负责监督外包合同。

　　绩效评估是管理的重要环节，也是加强公共文化服务公共性与民主性，合理配置、高效使用公共文化资源，提高公共文化服务质量和水平，衡量公共文化服务体系完善程度的重要手段。注重全过程的绩效评估不仅是对受监督管理的社会力量的评估，同时也是对政府投资文化项目的评估。

第三章　国内实践

一、我国社会力量参与公共图书馆事业建设的发展历程

改革开放以来文化领域的社会力量参与经历了从"以文养文"到"政府购买"的演进发展过程。近十年来，我国对公共文化服务社会化问题的认识走过弯路，进行过很多的探索和争论，也正在逐步深化。可以发现，对我国文化领域社会力量参与这一问题的认识和处理不能简单化，每一阶段的不同参与方式都与时代和社会发展水平相适应。

"以文养文"时期：文化领域开始开展有偿服务和"以文养文"活动，后来这一经验逐渐被推广到图书馆等文化事业单位[①]。

文化事业与产业分离：经历了"以文养文"时代之后，我国逐渐认识到应该将文化事业和文化产业采用不同的政策措施分类指导、协调发展。2002年，党的十六大报告中正式将文化事业和文化产业区分开来。

"公共文化"兴起：2005年十六届五中全会明确提出建设"公共文化服务体系"。2007年《中共中央办公厅、国务院办公厅关于加强公共文化服务体系建设的若干意见》中，明确了公共文化服务体系建设的指导思想、基本原则、发展目标和主要措施。此时公共文化服务体系建设已经成为一项

[①] 曹普. 20世纪70年代末以来的中国文化体制改革 [J]. 当代中国史研究，2007（5）：100-108，129.

重要国策。

"政府购买"蓬勃开展：2013年国务院印发《国务院办公厅关于政府向社会力量购买服务的指导意见》明确要求在公共服务领域更多利用社会力量，加大政府购买服务力度。2015年国务院办公厅转发文化部等部门《关于做好政府向社会力量购买公共文化服务工作意见》对政府向社会力量购买公共文化服务的购买主体、承接主体、购买内容、购买机制、资金保障、监管机制、绩效评价等内容做出具体规定。在宏观层面，国家政策的出台为政府向社会力量购买公共文化服务提供了强大的法律保障和政策支持。辽宁、江苏等多地纷纷出台适用于本地区的购买公共文化服务实施意见。近年来，购买公共文化服务的政府财政预算资金在不断攀升，购买范围得到进一步拓展，已经由传统文化活动逐步扩大到购买设施运营管理等内容。总之政府购买在机构管理、政府投入、购买形式、制度建设等方面都实现了创新。

社会力量参与是激发全社会文化创造活力、推动文化繁荣发展的重要途径。通过社会力量参与，国有文化企业活力得到释放，公益性文化事业单位公共服务能力显著提升，民办文化机构大量涌现，文化志愿服务蓬勃开展，社会资本投入文化领域热情高涨，文化行业协会作用进一步发挥，文化类社会组织得到培育孵化。

二、我国社会力量参与公共图书馆事业建设的方式

（一）慈善捐赠

在我国，对文化事业的慈善捐赠由来已久。慈善捐赠分为直接捐赠和间接捐赠。直接捐赠是个人、企业或组织直接向图书馆捐资、捐书、捐馆，是社会力量捐助捐赠图书馆建设的传统模式。目前我国图书馆直接捐赠主体有四大类：一是海外华人华侨，如李嘉诚、霍英东、邵逸夫等。二是退休教师、杰出校友，如2007年南京大学校友杜厦捐资建设的杜厦图书馆。三是企业，如飞利浦集团在全国建立希望小学和图书馆；中国移动通信有限公司参与"中国移动中西部贫困地区农村中小学教育捐助项目"[①]。四是其他慈善人士。间接捐赠是个人、企业或组织向基金会捐赠，通过基金会间接向图书馆捐赠书刊和资金等。

社会力量的慈善捐赠已经成为公共图书馆除政府投资之外的重要经费来源，但目前图书馆界在接受社会慈善捐赠方面仍存在一些问题，如比较依赖外界的慈善捐赠行为，图书馆并没有主动谋求捐赠等。因此我国公共图书馆界应提升主动向社会谋求支持的意识，设置专门募集资金的部门，加大引导社会力量捐助。此外，社会力量捐助也存在地区和机构类型等差异，如东南沿海地区和高等院校图书馆接受资助较多。因此社会力学捐助也应该力求消除东西部、公共高校等不同类型图书馆之间的差距。更重要的是，公共图书馆界应对捐赠捐助加强引导和规范，鼓励全社会参与公益文化事业建设和发展[②]。

案例：我国图书馆基金会建设

根据国务院颁布、2004年6月1日实施的《基金会管理条例》规定，基金会是指利用自然人、法人或者其他组织捐赠的财产，以从事公益事业为目的，依照该条例的规定成立的非营利性法人。基金会的活动宗旨是通过资金资助推进科学研究、文化教育、社会福利和其他公益事业的发展。公

---

① 黄庆委. 中原大地驰骋的国际梦——参加"梦想行动国际"的简要报告 [EB/OL]. [2005-09-07]. http://www.jdxy.org/html/xinwenbaodao_1210_4432.html.

② 马艳霞. 社会力量参助图书馆建设的基本模式 [J]. 图书情报工作, 2011（11）: 27-30.

共文化服务基金按照国家有关基金会管理的规定来管理基金。《基金会管理条例》规定，基金会应当根据章程规定的宗旨和公益活动的业务范围使用其财产。基金会的财产及其他收入受法律保护，任何单位和个人不得私分、侵占或者挪作他用。基金会接受的捐赠，根据基金会章程的规定进行管理。国家鼓励通过捐赠等方式设立公共文化服务基金。图书馆基金会因其成立的合法性、管理的规范性、运作的专业性、资金的安全性和组织的非营利性，一直是图书馆慈善捐赠的主要形式。在西方发达国家，基金会对图书馆事业发展起到了举足轻重的作用。近些年来，国内外基金会在我国中西部贫困地区展开捐赠，如海外中国教育基金会、美国"梦想行动国际"捐赠图书馆上千所；国内如爱心传递慈善基金会在贵州、安徽、广西等地建立了"蒲公英乡村图书馆"，企业家俱乐部爱心基金会2010年启动了"乡村学校图书馆烛光计划"①。

　　目前图书馆事业领域比较著名的基金会是杭州市图书馆事业基金会和温州市图书馆发展基金会。杭州市图书馆事业基金会于2003年底成立，是国内首家图书馆事业基金会。温州市图书馆发展基金会创建于2015年，旨在凝聚有志于文化公益事业的社会力量，推动全社会关心支持公共图书馆事业，促进温州市公共图书馆事业的全面发展。温州市图书馆发展基金会建立之初，温州市图书馆通过前期沟通，重点考察了杭州图书馆基金会的设立和运行情况。根据《基金会管理条例》《基金会名称管理规定》，向省文化厅申请设立公益类文化基金会，向温州市民政局提交注册登记，申办组织代码证和税务登记证，享受国家的优惠政策，以鼓励社会捐助。首届图书馆理事会成员组成温州市图书馆发展基金会工作领导小组，形成两个

---

　　①　邓银花. 社会力量参与图书馆建设的缘由、模式和激励 [J]. 图书馆杂志, 2014（2）:14-19.

理事会、一套理事班子的管理模式，准备相关申报材料，草拟基金会章程。经理事会申请，政府同意将图书馆的读者证押金款注入基金会作为原始资金。政府于2015和2016年分两批为基金会注入400万元经费。理事会理事长承诺每年捐赠100万元，另一位理事承诺每年捐赠50万元。理事会制订基金会的宣传和实施方案，理事开展多方动员和宣传，吸引社会捐赠。

（二）政府购买

我国公共图书馆业务外包兴起于20世纪末，随着时代的发展，公共图书馆外包的广度和深度逐渐扩展，从部分业务外包，逐步发展到岗位外包、整体外包等。

公共图书馆部分业务外包涉及的具体业务有：公共图书馆传统业务，如采编、整架、流通和配送等业务；图书馆读者服务，如讲座培训、参考咨询等业务；信息系统服务，如硬件维护、软件开发和数据库建设等；物业管理，如环境卫生、安全保卫和建筑维护等。岗位的外包，是通过一定的招聘考核程序，配置公共文化机构的工作人员。整体外包是政府将公共文化设施整体委托给第三方（企业、社会组织等）管理运营。

采用政府购买的方式实现图书馆服务外包相对购买其他类型公共服务而言，开始时间较晚，并且范围较小。2015年国家出台《关于做好政府向社会力量购买公共文化服务工作的意见》，对政府购买公共文化服务做了相关规范。结合公共文化服务的具体内容、特点和地方实际，按照政府采购有关规定，我国目前采用公开招标、邀请招标、竞争性谈判、竞争性磋商、单一来源等方式确定承接主体，采取购买、委托、租赁、特许经营、战略合作等各种合同方式。

近年来政策环境较为有利，购买模式也开始逐渐成熟，越来越多的地方开始通过政府购买的方式来提供图书馆等公共文化服务，并且取得了显著成效。上海、无锡、广州、北京等地是最早探索政府购买图书馆服务的地区，2013年后全国各地政府购买图书馆服务实践逐渐增多，购买主体涉及省、市、县多级政府。多个地方政府所列出的向社会力量购买服务项目清单中包含图书馆公共服务。

案例：部分业务外包：上海东方社区信息苑建设

上海东方社区信息苑由上海市委宣传部、市文明办、市文广局、市经信委等部门联合发起，与全国文化信息资源共享工程基层服务点和社区公共电子阅览室实现共建共享。自2004年启动以来，完成建设300余家东方社区信息苑和1600余家东方农村信息点，实现了上海市城区和郊区的全覆盖，年均开展特色公益培训和活动10万场，年均总服务人次2000万。

东方社区信息苑首先在徐家汇苑、菊园苑、泥城苑三家试点，在管理机制融合、公共文化服务创新、智慧民生服务三个方面，同试点街道达成共识，形成独具特色的实施路径，取得明显成效。

在日常运营方面，完善运营管理规范，将开放时间、环境卫生、场所安全等基础管理工作纳入试点街镇文化活动中心的管理范畴。针对驻点工作人员，双方明确了工作纪律、礼仪规范、日常岗位职责等，以季度绩效考核的方式由双方共同考评实施。同时，依托现有的东方社区信息苑督导队伍对试点信息苑的日常运营工作进行专业督查与指导，形成"门店检查快报"，及时向文化活动中心进行通报。

在沟通机制方面，建立了"事先预报，事中跟踪，事后总结"的日常工作沟通机制，并以季度例会的方式来落实下阶段工作目标任务。

东方社区信息苑创新且丰富了三个试点街镇的文化配送项目。如菊园苑的"小苑创意空间""沪语童谣汇""科普充电站"等亲子活动；泥城苑面向村居委社区居民的健康、金融、旅游系列主题讲座活动，徐家汇苑"第

"一财经"电视主播进社区理财公益讲座、移动终端培训等活动。

信息苑还为开展智慧社区服务进行功能改造和提升，开展符合社区居民需求的智慧健康、智慧旅游、智慧家居、智慧金融、智慧商业等"社区互联网＋"的服务项目，使信息苑向智慧民生服务进行转型，并开展针对居民的操作培训及相关智慧服务的推送。如泥城苑结合信息苑设备更新契机，积极征询了社区文化活动中心的改造建议，在设备更新过程中进行整体的布局改造和功能升级。

案例：整体管理运营委托：无锡新区图书馆的"艾迪讯模式"

2010年通过政府购买公共服务的方式，无锡新区图书馆成为国内首家整体服务外包的大型图书馆。无锡新区管委会将新区图书馆的馆舍建设、基本管理运营和读者服务等整体外包给艾迪讯电子科技（无锡）有限公司，让专业公司全程参与建设、提供服务，成为我国第一个通过政府招标，实行整体服务外包的区级图书馆。艾迪讯电子科技（无锡）有限公司凭借其经营管理经验和先进的理念，为无锡新区图书馆注入了全新活力[1]。

无锡新区图书馆，投入建设经费1300多万元，建设面积达3177平方米。馆藏9.5万册纸质图书、35种纸质报纸和250种纸质期刊，还拥有海量电子资源。全年免费开放，除周一上午闭馆修整外，每天9:00—21:00开放。图书馆配备手机讲话亭、图书除菌机、自助借还机、24小时还书箱、触摸屏阅报器等设施提高运行效率。

图书馆举办多样化的主题活动，满足不同读者需求，如在图书馆购置新书问题上，倾听和收集读者的建议和意见等。无锡新区在2013年将下辖的6个街道、2个园区的图书馆全部归入区图书馆统一管理，建成"1+8"总

---

[1]　贺伟. 政府购买图书馆公共服务的新尝试——以无锡新区图书馆为例 [J]. 图书馆杂志，2014（2）:37-40.

分馆区域联盟管理模式，基层服务点数字资源实现全共享，区域内图书实现通借通还。

无锡新区管委会购买图书馆服务的具体做法是：通过公开招标形式，由政府提出外包管理和服务目标，对其进行监督管理考核。经招标确定委托专业从事公共阅读的服务机构艾迪讯电子科技（无锡）有限公司管理新区图书馆。无锡新区管委会每年支付194万元的服务费，在事关公益的发展大计上定调把关，不具体干涉企业运营。艾迪讯公司需实现图书馆年新增注册读者1万人，馆藏图书外借率达到70%，年接待到馆读者10万人次以上，并为2个园区分馆、6个街道联盟馆提供服务。图书馆人员除馆长外均为企业职工。无锡新区管委会只派出馆长负责行政事务，新区图书馆的管理人员由管理公司负责聘用。无锡新区管委会制定细致严密的外包合约并公开招标，《无锡新区图书馆项目服务外包合约》内容涵盖了图书馆的6项服务内容和8个服务目标，由招投标公司向全社会公开采购。购买服务采取质量考核和第三方抽查暗访，无锡新区管委会成立了由财政、审计、纪委、市文化行政部门组成的考核小组对得分在80分以下的服务外包公司将提出整改要求，如整改不力将终止服务合同。同时，无锡新区管委会聘请了第三方对图书馆的服务人群、服务单位进行抽样调查和暗访，从而避免"一包了之"。

无锡新区申报的《公共图书馆数字化建设与创新管理》获得第四届文化部创新奖。2013年无锡新区图书馆在第五次公共图书馆评估中成为国家一级图书馆。

（三）公私合作

公私合作，即政府与社会资本合作，引导社会力量参与到公共文化设施的建设、管理、运营、服务中。政府和社会力量双方通过协议明确各自承担的责任，发挥各自优势，扩大覆盖面，丰富服务内容，完善公共文化服务体系。合作方式包括社会力量参与公共文化机构单体设施建设运营、参与设施网络拓展提升、开展低收费服务、政府与大型企业战略合作、社会力量以联盟方式参与公共文化服务等。

近几年来全国各地公共文化项目引入公私合作模式，积极探索新的公共文化服务供给体制，创造了许多生动的案例。从社会力量参与的方式和内容上看，社会力量通过参与前期建设、参与运营管理、资金注入等方式，参与到项目中，如福州市海峡文化艺术中心、宁波文化广场①等。江阴市"三味书咖"城市阅读联盟、上海市虹口区"菜场书屋"、张家港市"图书馆驿站"等，将民间机构引入公共文化服务体系，既扩展了公共文化服务的服务范围，丰富了公共文化服务的内容，又促进了民间机构的发展，实现了双赢。目前，这一模式实现的方式非常丰富多彩，充分体现了市场的活力。

这些公共文化服务领域的公私合作案例总体上虽仍处在试点和初期探索阶段，但公共文化服务丰富多彩的公私合作实现模式已经吸引更多的社会资本参与进来，丰富了公共文化服务的建设和供给方式。

案例：社会力量参与单体设施建设运营：福州海峡文化艺术中心PPP项目

福州海峡文化艺术中心建筑面积约15万平方米，建筑形态突出福州市花茉莉花元素，包括歌剧院、音乐厅、影视中心、多功能戏剧厅、艺术博物馆、中央文化大厅和其他配套服务区，被称为福州版"悉尼歌剧院"。

福州海峡文化艺术中心项目采用PPP模式于2015年正式开始实施，总体投入35亿元资金。该项目合同签订的合作期为10年，前3年属于建设期，后7年属于运营期。项目建设运营均交给社会资本。

---

① 黄君录. PPP模式在现代公共文化建设中的应用 [J]. 管理观察，2016（31）:51-54.

项目承接方式：由中建海峡建设发展有限公司和马尾新城建设发展有限公司，通过股权合作方式，共同注册成立海峡文体中心建设公司（以下简称项目公司），承接该项目。项目公司注册资本1亿元，双方各占一半股份。

通过招标，文化艺术中心的建设工程由中建海峡建设发展有限公司承接。文化中心建成后，福州市文化广电新闻出版局向项目公司授予特许经营权，直接运营文化艺术中心A部分（包括影视中心、艺术博物馆、中央文化大厅及其他配套服务区等部分商业、广告项目等）；项目公司进行招标，选择专业运营商，商业运营文化艺术中心B部分（包括歌剧院、音乐厅和多功能戏剧厅）。2018年2月27日，保利剧院公司通过公开招标，最终中标《福州海峡文化艺术中心歌剧院、音乐厅、多功能戏剧厅运营管理》服务项目。

整个建设项目政府总投入经费35.33亿元，包括建设费用27亿、融资补贴5.65亿元，和运营补贴2.68亿元（估计运营成本为3.4亿元，通过商业运营获得利润7200万，政府需补贴2.68亿元）。社会资本在建设阶段获取利润，运营阶段收支平衡[①]。

福州海峡文化艺术中心是单体大型文化综合体的建设引入PPP模式的典型案例，是公益性与半公益性、特许经营和股权合作的有机结合。

案例：社会力量参与设施网络拓展提升：江阴图书馆的"三味书咖"

2014年江阴市图书馆以"公共图书馆+"的合作模式，推出"三味书咖"城市阅读联盟。项目采用政府与社会资本合作模式，鼓励和调动社会力量共同建设现代公共文化服务体系。江阴市图书馆根据实际情况提供一定数量的图书资源并定期流转和管理，咖啡馆、茶楼等社会服务场所提供合适的场地、必备的借阅设备以及日常服务人员，合作双方提供的资源原

[①]　政府和社会资本合作（PPP）研究中心. 福州海峡文化艺术中心PPP项目落地 [EB/OL]. [2015-09-06]. http://www.pppcenter.org.cn/xydt/mtbd/201509/120755ObU.html.

有产权不变。江阴市图书馆对合作联盟单位的阅读服务工作进行统一管理，并委托第三方进行年度社会服务效益评估。市政府根据社会效益评估结果确定扶持补助力度①。自"三味书咖"城市阅读联盟建立以来，图书馆分馆逐步建立在茶楼、花店、服装店、咖啡店、社区，形成了许多特色分馆。

建设阶段。在"三味书咖"城市阅读联盟整体实施方案基础上，选择合适场所先行试点，制定整套制度和标准，做好宣传推广工作，做好与总分馆体系及其他阅读设施的衔接工作。

参与步骤。具体申报办法和信息向社会公布，相关社会组织均可自愿申报加入。申报完成之后，江阴图书馆与确定的加盟成员签订合作协议。协议的主要内容包括合作方式、合作期限、合作内容、各自的权利和义务等。江阴市图书馆对成员开展全程业务指导，同时建立健全考核评估制度，引入第三方考核机制，接受社会监督。每年对服务网点进行奖励，表彰先进。对于部分长期不达标或因其他原因不宜继续合作的服务网点，取消其成员资格。有关制度和信息均向社会开放，接受社会和公众的监督。

标准化建设。申报参加"三味书咖"城市阅读联盟的社会组织或机构，其资质、业务范围等均需满足一定的准入标准。联盟设施要符合统一的建设标准，主要包括馆舍面积、功能布局、基础设备、人员配置、图书流转等方面。阅读联盟执行统一的服务标准，各服务点设置统一标识，执行统一制度，实现一卡"通借通还"，共享数字图书馆资源，及时传递各类服务信息，推动优质资源和服务走进各服务点。阅读联盟评估标准主要分为业

---

① 宫昌俊,曹磊.江苏江阴市:推动城市阅读联盟的实践探索[J].国家图书馆学刊,2015(4):16-20.

务建设、读者活动与延伸服务、宣传推广等方面，突出对服务质量和读者活动的考评。阅读联盟之间还建立日常交流机制，统一工作流程与协作标准，以服务的标准化确保服务质量的稳定。

案例：社会力量以联盟方式参与：台州市环市民广场公共文化服务联盟

台州市民广场位于城市核心区，总占地面积22.84公顷，是市民休闲活动的重要场所，周边标志性公共设施齐全。为推进公共服务机构互联互通，实现区域文化共建共享，提升公共文化服务效能，由台州市民广场周边具有公益服务属性和公益服务意愿的多家单位共同提议，发起组建"环市民广场公共文化服务联盟"。

2016年4月5日，环市民广场公共文化服务联盟第一次主席团会议在台州市文化馆召开。台州市文化馆、台州市图书馆、台州市博物馆、台州市青少年活动中心、台州市妇女儿童活动中心、台州市公共安全教育馆、台州市城市规划展览馆、台州市科技馆、台州市园林绿化管理处、台州书画院、台州海洋世界共11家单位负责人出席会议。会上，联盟单位讨论了工作机制和2016年度合作项目，签订了《环市民广场公共文化服务联盟意向书》，拉开了台州市中心区块公益服务单位公共文化惠民服务大联动的序幕。环市民广场公共文化服务联盟实行联盟主席轮值制度，旨在以"自愿、公平、独立"为发展原则，以"共谋发展、共创价值、共同超越"为发展宗旨，开展工作交流、资源共建、信息互通、活动联办、队伍协同等双边或多边馆际合作。

联盟成立后，首先开始搭建共用平台，将各单位活动信息汇总，共同对外宣传，扩大影响力。此外，各单位之间也开展了更多的合作，如市图书馆协助公共安全教育馆设立阅览室，市青少年活动中心联合其他单位开展"百业体验"活动等。

（四）民办机构

民办文化机构大量涌现，逐步成为文化建设的重要力量。据《光明日报》报道，截至2010年年底，全国共有民间图书馆300余座，它们大多分布在乡村或农村务工人员相对集中的城市社区[①]。2016年非国有博物馆的数量占全国博物馆总数的26.6%[②]。《中华人民共和国公共文化服务保障法》明确鼓励社会力量捐助和兴办公益性文化事业[③]，《中华人民共和国公共图书馆法》和各地相关法规文件也多对社会力量兴办文化机构给予支持和鼓励。杭州市工商局在2002年底首次在文化领域敞开创业之门，支持民间以个人独资、合伙制或公司制形式，开办"私人图书馆"。

民办图书馆按照经营性质可以分为公益型、半公益型和经营型。公益型图书馆大量存在于个人创办的家庭图书馆、社会团体创办以及企业、公司捐助的图书馆。如"中国移动中西部贫困地区农村中小学教育捐助项目"为中西部贫困农村地区建设"中国移动爱心图书馆"[④]。这类图书馆集中在缺乏政府资助的基层农村，是创办者自愿、自发行为，一定程度上弥补了基层公共图书馆的不足。半公益型图书馆主要是以收取少量费用为前提，向公众提供图书服务，收取的费用用于抵消服务产生的部分成本。经营型图书馆是指专门开展图书馆服务的经营性民间读书社或民营图书馆等，兴起于20世纪80年代末。如1987年郑州的"读来读去读书社"以及杭州的"音乐

---

① 杨易. 民间图书馆发展亟待解困如何实现"燎原之势"[EB/OL]. [2010-12-27]. http://book.people.com.cn/GB/69361/13585944.html.

② 民办文化机构等逐步成为文化建设的重要力量 [EB/OL]. [2015-12-07]. http://news.sina.com.cn/o/2015-12-07-doc-ifxmhqac0153691.shtml.

③ 中共中央关于构建社会主义和谐社会若干重大问题的决定 [EB/OL]. [2006-10-18]. http://news.xinhuanet.com/politics/2006-10/18/content_5218639.htm.

④ "中国移动爱心图书馆（室）"公益项目启动 [EB/OL]. [2007-01-10]. http://news.xinhuanet.com/society/2007-01/10/content_5586889.htm.

图书馆"等。这类图书馆经营机制灵活，采取现代管理方式，在馆址布局、藏书内容、服务方式、服务时间等方面较公办图书馆都灵活、方便，顺应了商品经济的发展，同时弥补了公共文化资源供给不足的现状，因此受到基层群众欢迎。

表 3-1　我国社会力量办图书馆案例（20 世纪 80 年代开始）[①]

（注册）性质	典型案例	资金来源 / 运作方式 / 特点
经营性质；工商注册	科教图书馆 杭州张铭音乐图书馆 杭州益知图书馆	个人投资；采取会员制；业务包含：书刊租赁、销售、配送、出版；教育培训；儿童托管、辅导；咖啡简餐服务及其他业务，用来抵消图书借阅成本
半公益性质；民政注册	上海启明书社 * 北京华藏图书馆 *	利用非国有资产举办，从事非营利性图书馆服务活动。可以依法通过接受捐赠资助、委托项目资金、为社会提供与业务相关的有偿服务获得报酬等方式获得发展资金
公益性质；大部分未注册	农民等个人自办图书馆 中国妇女杂志社星星火妇女家庭阅览室	个人出资、社会捐赠；免费开放；简单借阅。面向农村及特殊群体（如青少年、妇女、艾滋病人、地震灾民等）；成为重建农村公共生活、弘扬传统文化的载体
公益性质；慈善捐赠	美国科技教育协会爱华图书馆 健华社健华图书馆 滋根基金会农村图书室 青树乡村图书馆中心 美国明德图书馆基金会明德英文图书馆	多以合作方式开办，基层地方政府、社区农村、图书馆提供馆舍、人员和日常管理，基金会等提供运营经费和文献设备等；有的还具体运营和管理图书馆，如青树乡村图书馆中心

* 注册为民办非企业。

---

① 王素芳，于良芝，邱冠华，等. 社会力量参与图书馆建设制度保障研究 [J]. 中国图书馆学报，2010（4）:4-9.

案例：秦皇岛"孤独图书馆"

这座号称"最孤独的图书馆"位于秦皇岛市昌黎黄金海岸工业园区金海南路7号，也叫三联书店海边公益图书馆，设计之初本来是作为社区图书馆，后来发展成为接待所有预约读者的公益图书馆。图书馆藏书万余册，自2015年4月23日开业，已有近10万读者慕名而来，甚至还有来自美国、英国、韩国、印度等国家的读者专程过来参观。有人拍摄了图书馆的视频传到网上，仅一天时间，阅读量便已突破10万次，点赞数高达4000余次。孤独图书馆受到广泛关注的原因在于：

设计个性。面朝大海的一面，用了高通透的玻璃幕墙，室内以原木色为主调，有三层阶梯，每一层的书架前都有座位供读者阅读使用，每个座位都面向大海，视野一览无余。这种遗世独立的感觉，契合了个性化极强的阅读心理。图书馆不去追求藏书量和知识完整性等指标，而是要突出空间设计与情感体验的结合。感官与阅读相结合的独特体验，戳中人们心中的"孤独"情绪。

管理者专业。馆长老孟毕业于北京大学图书馆学系，退休后毛遂自荐来到图书馆。在他的带领下，图书馆的采购、编目、整理工作具有一定的专业性。

书籍推荐。图书馆里的书，有三种陈列形态：最推崇的书，平放在一层的书桌上；适合借阅的藏书，编码后放在各层的书柜上；还有一部分阅读率低的书，收在储藏室。

活动丰富。图书馆里不时举办各类读书会与讲座，还开展了家史创作、国画欣赏、摄影展览等文化活动，甚至举办了宫崎骏动漫音乐会、朱亦兵大提琴演奏会等艺术活动。

（五）民办公助

民办公助是指民间组织或机构兴办图书馆等公共文化设施，政府通过政策、土地、财税等方式给予支持。2012年《国家"十二五"时期文化改革发展规划纲要》①进一步明确鼓励社会力量参与公共文化供给的具体措施，即"采取政府采购、项目补贴、定向资助、贷款贴息、税收减免等政策措施鼓励各类文化企业参与公共文化服务"。

　　政府可以对民办文化机构进行资金和物资资助，从形式上可以分为专项资助和以奖代补。专项资助就是专门针对民间图书馆项目甚至是特定民间图书馆给予资助。以奖代补则是对那些达到一定要求标准的民办文化机构给予奖励，如湖南采取以奖代补措施扶持农民自办图书室②。政府让民办文化机构承担基层文化设施的服务职能，其目的是降低供给成本、延伸服务触角。政府可以与社会力量合作建设基层网点建设，如2010年江苏省苏州市吴江区图书馆通过企业、个人捐助合办了首个慈善资本图书分馆——和谐书苑，打破了公共图书馆单靠政府资本的传统③。针对已建的民办图书馆，目前趋势是将民办图书馆纳入公共图书馆服务体系中来，在政策、法律、经费投入及业务规范上统一管理④。2012年四川省青神县梁慧星捐建的图书馆转由政府管理，成为县图书馆的分馆⑤。

──────────

　　①　中办国办印发国家"十二五"文化改革发展规划纲要 [EB/OL]. [2012-02-15]. http://www.gov.cn/jrzg/2012-02/15/content_2067781.htm.

　　②　民办公助以奖代补湖南创新机制繁荣农村文化 [EB/OL]. [2007-02-22]. http://cpc.people.com.cn/GB/64093/64387/5410002.html.

　　③　张海江. 基层图书馆发展新模式——利用企业、个人慈善资本建立图书分馆 [J]. 图书馆学研究,2014(8):28-30.

　　④　罗铮,周群英,张赞梅. 基层纯公益性私人图书馆可持续发展研究——以杨霄松家庭图书馆为例 [J]. 图书馆建设, 2012(6):17-19.

　　⑤　我省首家"民办公助"图书馆隆重开馆 [EB/OL]. [2012-04-18]. http://www.ms.gov.cn/info/1339/36662.htm.

案例：宁波市鄞州区大力扶持民办博物馆

鄞州区是宁波市最大的市辖区，是典型的东部经济发达地区。鄞州区民办博物馆建设起始于20世纪90年代，1996年宁波市鄞州区首座博物馆——周尧昆虫博物馆落成。

2008年8月鄞州面对不断升温的社会兴办博物馆热潮，针对博物馆投入较大、产出较少，各地一些已建成的民办博物馆几乎都面临运营困难等问题。鄞州区出台促进民办博物馆发展的相关文件——《关于鼓励促进鄞州区民办博物馆发展的意见》[①]及相关实施暂行办法等专项政策，首创对民办博物馆进行制度化扶持等举措。通过对民办博物馆建设实行建成、门票、临展、租赁等补助，以及评估定级奖励、年度绩效考评等措施，建立起社会力量投资建设公共文化设施的"民办政扶、民享政补、民营政管"模式，成为政府通过间接形式补贴公共文化服务的典型案例。

具体补贴方式如下：

场馆建设补助：民办博物馆最高可获得400万元的建设资金补助，根据主要综合建筑面积、投资额度等分别给予300—500元/平方米的一次性补助。

日常运行补助：鄞州区按参观人数、展览次数等对免费博物馆实行补助。一为按参观人数补助。根据相关文件，免费参观的博物馆每接待一名参观群众，就可以获得区财政人均10元的补助。二为针对临时展览的补助。依据相关文件，该区民办博物馆开展临时展览，可按照展品等级档次、展览规模等获得2—4万元不等的补助[②]。

---

① 关于鼓励促进我区民办博物馆发展的意见（试行）[EB/OL].[2008-07-24]. http://www.yzwh.gov.cn/art/2008/7/24/art_779_11731.html.

② 傅利国.政府购买公共文化服务研究——以宁波市鄞州区为例[D].宁波:宁波大学,2015.

在政策的激励引导下，鄞州掀起了民办博物馆建设热潮，宁波（鄞州）博物馆、紫林坊艺术馆、华茂美术馆、朱金漆木雕博物馆、雪菜博物馆等如雨后春笋般涌现。2009年鄞州取得"中国博物馆文化之乡"称号。

鄞州区民办博物馆逐渐形成四种建设模式：一是合作联办，博物馆之间开展合作；二是"非遗传承基地＋博物馆"模式，博物馆与文化遗产保护相结合，如骨木镶嵌、朱金漆木雕、金银彩绣等非遗传承项目都兴办了博物馆，使非遗项目得到有效保护和传承；三是"企业＋博物馆"模式，博物馆与企业产业经营相结合。博物馆将陈列展示的功能延伸，结合企业产品特性，建成如草编博物馆等，发挥行业性遗产的收藏、保护、知识普及等功能；第四是"景区＋博物馆"模式，将博物馆与旅游开发相结合。在景区内开办博物馆提升景区的档次和品位，促进旅游开发建设，如它山艺术博物馆与它山景区开发相结合；梁祝文化公园内的中国梁祝文化博物馆，对集聚景区和博物馆的人气具有互相促进的作用。

至2014年底，鄞州区级财政对民办博物馆的资金补助累计达到2692万余元，其中建筑补助1090万元、门票补助1428万元、租赁补助19万元、临时展览补助155万元。至2018年，鄞州区拥有已建、在建博物馆23座，微小博物馆12座，博物馆人均拥有量达到发达国家水平。仅2018年上半年，全区博物馆参观人数达85万人次。其中，非国有博物馆参观人数达20万人次①。

案例：北京市西城区公共阅读空间建设

从2014年开始，北京市西城区文化委员会通过政府购买服务的方式，构建、扶持了一批公共阅读空间，如北京砖读空间、书香驿站、甲骨文悦

① 民办博物馆成公共文化服务重要补充［EB/OL］．［2015-07-08］．http://www.chinadaily.com.cn/hqcj/xfly/2015-07-08/content_13944220.html.

读、社区书香驿站、24小时阅读空间、书香剧场、书香酒店、书香银行等。空间建设将跨界组合、业务混搭和公益性与经营性运营相结合，通过"公办民助""民办公补""居民自助"等多元方式运营。2016年8月，西城区文化委员会秉承"政府承担、定向委托、合同管理、评估兑现"原则，成立专门工作小组进行第三方考评，出台《西城区促进全民阅读，建设"书香西城"的若干措施》和《西城区特色阅读空间奖励补贴若干细则》对各空间进行奖补①。2018年由北京市西城区认定的特色阅读空间已达23家，依据《西城区特色阅读空间考核指标体系》，委托第三方机构开展了特色阅读空间的考评工作，设置了读者满意度考核指标进行绩效考评。

"全民阅读西城模式"在"第三届中国创意工业创新奖"评选活动中，获评新管理模式奖金奖②。

其中，砖塔胡同作为元大都城内29条胡同中唯一沿用至今的北京城最古老的胡同，其历史文化底蕴成就了此处成为展示老北京历史文化的阅读空间。2014年4月23日，全国重点文物保护单位万松老人塔历经多年修缮首次对外开放，古塔所在的院落成了北京首个非营利性公共阅读空间——"砖读空间"，并引进第三方机构正阳书局运营管理，市民不仅能参观文物，还能借阅图书。西城区早在2013年便向北京出版集团、正阳书局等机构征集设计方案，并邀请文物界专家从文保角度对规划提出建议。最后，正阳书局因其老北京特色收藏取得了运营管理权。"砖读空间"由西城区文化委员会负担院内绿化、摄像头安装等的费用，阅览室、展陈室、图书室等主

---

① 北京西城区认定16家特色阅读空间[EB/OL]. [2016-12-08]. http://bj.wenming.cn/xc/wmbb/201612/t20161208_3933663.shtml.

② "书香西城"打造全民阅读的新名片[EB/OL]. [2016-12-19]. http://news.163.com/16/1219/16/C8LP9ADO000187VI.html.

体区域的建设则由正阳书局一手打造，免交租金。开放以来，砖读空间吸引了不少慕名而来的参观者，350平方米的小院每天访客上千。文保单位是否可以委托社会机构进行运营、如何保证文物不受损坏？西城区为此成立了"砖读空间"运营管理委员会，西城委员会由区文化委员会、区属图书馆、北京出版社、正阳书局、所在街道和社区的代表组成。西城区文化委员负责把方向、出标准、抓考核，图书馆负责图书更新，而正阳书局则负责具体管理运营。西城区文化委员会设立了志愿者小组，定期到万松老人塔开展志愿服务，听取市民的想法和意见。为吸引更多读者，"砖读空间"还开设非遗展览、读书朗诵会、评书会等活动，最大限度挖掘文物价值。

（六）志愿服务

志愿服务是现代社会文明进步的重要标志，但在我国起步较晚，但近几年在奥运会、世博会等国家重大活动中，志愿者做出了巨大贡献，并开始进入公共卫生、公共教育、公共环境、公共文化等领域。

国内图书馆志愿者活动的开展时间虽短，但内容丰富，形式多样。按图书馆志愿者服务的专业性，可以将志愿服务分为一般志愿服务和专业志愿服务。志愿者一般服务主要是指志愿者负责读者咨询导航、图书流通、新书加工、图书修补、图书上架整架、图书馆宣传推广及大型活动参与等工作。除了常规服务外，志愿者还可利用自己的专业知识为读者提供导读、特殊群体服务、外语服务及其他免费专业服务[1]。

在政策引导上，《中华人民共和国公共文化服务保障法》，中宣部、中央文明办等7部门《关于公共文化设施开展学雷锋志愿服务的实施意见》（文明办〔2016〕22号）等政策法规对文化志愿服务工作进行了鼓励和规范。

---

[1] 马艳霞. 社会力量参助图书馆建设的基本模式 [J]. 图书情报工作, 2011（11）: 27-30.

总体上来说，我国图书馆界在引入、合理有效管理、充分发挥志愿者作用等方面还处于探索阶段。虽然许多地区纷纷出台了各自对图书馆志愿者的管理制度，但图书馆在组织志愿者活动时缺少成熟的参照，活动缺乏规范、随意性强。规范志愿者管理流程、建立有效的运作与保障机制是有待于深入探讨和研究的问题。

案例：台湾文化志愿者

台湾地区非常重视文化志愿工作者（简称志工）的建设。据不完全统计，台湾地区现有两万多个志工团体、三千多个基金会提供志愿服务，并已有超过300万名志工在官方平台进行注册登记，占台湾总人口13%左右，此外还有大量未注册的志工。志工服务的范围广、专业性强，几乎覆盖政治、经济、社会生活的方方面面，特别是许多管理部门无暇顾及的公共领域对志工依赖度较高。台湾地区志工服务的主要做法和经验有：

2001年1月台湾地区颁布"志愿服务法"，此后"志愿服务奖励办法""志愿服务证及服务纪录册管理办法""志工伦理守则""志工服务绩效认证及志愿服务绩效证明书发给作业规定""志工申请志愿服务荣誉卡作业规定"等相关对志工招募、面试、签约、训练、服务、考核及奖励等环节进行规范的配套规定陆续出台。

台湾地区的志工团体都是民间自主成立的非营利性组织，在团体的成立、志工的招募、培训、服务等运行管理各方面具有很强的独立性、自主性。政府除了制定相关法规进行规范外，不具体参与志工团体的组织、运行、管理。团体内部大多采用公司制模式，设立会员大会、理事会、监事会和执行机构进行管理，不断提升服务效率；同时对外通过业务拓展、强化宣传等方式，不断适应社会需求，提升服务质量，进而推动组织的发展壮大。

为提高服务质量和效率，保障服务对象合法权益，台湾地区高度重视志工的培训，只有通过培训取得结业证书后才能正式成为注册志工，并获颁"志愿服务纪录册"。

根据"志愿服务法"的规定，志工享有以下5项权利：接受足以担任所从事工作的教育训练，尊重其自由、尊严、隐私及信仰，确保在适当的安全与卫生条件下从事工作，获得从事服务的完整信息，参与所从事的志愿服务计划的拟定、设计、执行及评估。在享受权利的同时，"志愿服务法"也规定了志工需履行遵守伦理守则、志愿服务运用单位制定的规章、参与志愿服务运用单位所提供的教育训练、妥善使用志工服务证、服务时尊重受服务者的权利、保守因服务而获得或获知的讯息的秘密、拒绝向受服务者收取报酬、妥善保管志愿服务运用单位所提供的可利用资源等8项义务。

志愿服务运用单位定期考核志工的服务绩效，对于工作绩效好的志工，政府给予一定奖励。"志愿服务协会"设置了台湾地区志工最高荣誉"金驼奖"。

表 3-2　台湾地区部分公共图书馆志工享有权利及奖励措施情况

享有权利	图书馆按天数补助交通费和误餐费； 参加志工培训等相关活动； 在适宜和安全的环境下工作； 享有人身意外保险； 优先借阅图书等
奖励措施	服务工作累计一定时长，图书馆予以表扬、颁发奖状或者赠送纪念品； 　由图书馆出具服务认证书，可用于升学、进修、就业等。 服务时间满3年，服务时长达300小时以上，可申请志愿服务荣誉卡， 　享受许多收费场所免费进入等福利，如公立景区免门票等

案例：佛山市"市民馆长"和"学生馆长"

佛山市2016年8月获得第三批国家公共文化服务体系示范区创建资格

之后，以文化志愿服务建设为抓手，激活社会力量深度参与公共文化服务。"市民馆长""学生馆长"等项目力图达到"人人都是图书管理员、市民争当图书馆馆长"的效果。

"市民馆长"项目的发起主要是为了适应智能图书馆的管理和服务需要。近年来，佛山市通过街区图书自助借还机、自助图书馆、读书驿站和移动智能图书馆，把图书馆服务送进基层。全市已建成自助开放、无人值守的智能图书馆175家，部分智能图书馆还配备了开展活动的设备和场地。为解决公共文化阵地管理问题，2017年佛山市图书馆面向市民招募"市民馆长"，吸引群众参与设施管理运营。首批上岗的10位"市民馆长"既有学校图书馆馆长、中学教师，也有职业培训师、阅读推广人、非遗传承人、在校大学生。他们不仅参与智能图书馆的日常运营、维护与监管，还以智能图书馆为阵地策划、组织读书分享会、公益讲座与培训、阅读辅导等文化活动。2017年，"市民馆长"共举办52场活动，服务约1300人次。在"市民馆长"的推动下，佛山市首批开放的智能图书馆形成了"一周一活动"的格局①。

为提升"市民馆长"的综合能力与服务水平，佛山市文广新局、佛山市图书馆搭建了长效的培养与发展平台：上岗前，对"市民馆长"进行培训考核；上岗后，定期邀请专家学者开设公益培训课程，组织安排业务学习交流活动，并进行绩效评估与星级评定；把"市民馆长"的活动与佛山阅读联盟、佛山市图书馆品牌活动对接。2018年3月，该项目荣获由中国图书馆学会公共图书馆分会颁发的首届公共图书馆创新创意征集推广活动最佳创新奖。

2017年9月，佛山市南海区图书馆为了做好辖区内137间读书驿站的管理和服务，发起"学生馆长"志愿服务项目，招募在校学生以文化志愿者的身

---

① 智能馆，你来管！|"市民馆长"招募令 [EB/OL]. [2018-08-30]. http://e.zslib.com.cn/culture/Detail?newId=92904.

份担任"学生馆长",开展阅读推广活动。截至2018年5月中旬,共有207名学生受聘为读书驿站"学生馆长",举办培训13场、联动活动9场,累计服务时间近3000小时,受益读者超过1万人次。南海区气象局、社会工作委员会等部门及企业纷纷与"学生馆长"项目洽谈合作,共同丰富了阅读资源。

（七）公民参与

《中华人民共和国公共文化服保障法》包含多项对公民参与的规定,如其第12条规定国家鼓励和支持公民、法人和其他组织参与公共文化服务;第37条规定国家鼓励公民主动参与公共文化服务,自主开展健康文明的群众性文化体育活动;第43条倡导和鼓励公民参与文化志愿服务,等等。我国公民参与公共文化服务可以分为公民个人独立参与和公民有组织参与两类。公民组织参与主要包括社区组织、非营利组织以及企业参与等。从内容上看,公民可以参与到公共文化政策的制定、执行、监督及评估等各环节;参与文化活动的举办、文化成果的创造、文化设施的建设;参与公共文化产品和服务的提供等。从引导方式[①]上看,引导公民参与可以通过专家咨询、召开公民会议、建立咨询委员会、开展公民调查等方式开展工作。

公民参与公共文化服务的方式多种多样。目前从我国现状来看,公民了解、参与、监督公共文化服务的途径较为缺乏,由此常常出现服务效率低下等问题。公民是构建公共文化服务体系的主体,引导公民参与公共文化服务应坚持共享、共建、共有的原则,实现公民的自我参与、自我娱乐、自我开发。

案例：深圳市图书馆理事会

深圳市于2007年10月发布《建立和完善事业单位法人治理结构实施意

---

① 陈威.公共文化服务体系研究［M］.深圳:深圳报业集团出版社,2006.

见》，目标在事业单位中建立和完善法人治理结构，深化事业单位组织机构和管理体制改革，推动政府职能转变，满足社会公众日益增长的公共服务需求。

深圳图书馆作为公共文化服务机构被深圳市机构编制委员会办公室列为首批试点单位，之后又被列为中央机构编制委员会办公室与深圳市共抓的试点单位，开展建立和完善事业单位法人治理结构试点工作。

作为深圳乃至全国最早试点法人治理结构改革的公共文化单位，由于国内没有现成的案例或经验可供参考借鉴，2007年12月深圳图书馆成立了法人治理结构改革筹备组，开始了较长时间的调研和筹备工作。2008年，深圳图书馆草拟了《深圳图书馆理事会章程》以及《深圳图书馆理事会决策失误追究制度》《深圳图书馆审计与绩效评估制度》《深圳图书馆年度报告制度》《深圳图书馆信息公开制度》四个配套制度草案。2009年7月，深圳市事业单位体制改革领导小组办公室将深圳图书馆理事会定位为"深圳图书馆的议事和决策机构，负责确定深圳图书馆的发展战略和发展规划，行使深圳图书馆重大事项议事权和决策权"，理事会对深圳市文体旅游局负责。

2010年12月29日，深圳市文体旅游局举行深圳图书馆理事会揭牌仪式，向获聘首届理事颁发聘书。仪式结束后，理事会召开第一次会议，审议通过了理事会章程及四个配套制度。2012年9月，深圳图书馆被中央宣传部、文化部、国家广电总局、新闻出版总署评为"全国文化体制改革工作先进单位"。

第一届理事会理事共11名，包括政府部门代表、社会人士代表和图书馆代表。其中政府部门代表2名，来自市文体旅游局；社会人士代表7名，其中社会科学界1名，文学艺术界1名，科技界1名，教育界1名，图书情报界2名，读者代表1名；图书馆代表2名，包括行政执行人和职工代表。2015年完成理事会换届，有3名新理事加入，分别来自文化传媒、教育机构和公益组织。

（八）文化事业与产业融合

促进文化事业与产业融合，通过公共文化服务培育和促进文化消费，是现代公共文化服务体系建设的一项新功能和新任务，可以通过培育公众文化素养、拓展公众文化享受范围、激发公众文化消费欲望来实现。2015年中办、国办印发的《关于加快构建现代公共文化服务体系的意见》明确提出了一系列培育和促进的措施和方法，如完善公益性演出补贴制度，鼓励商业性演出和电影放映安排低价场次门票，鼓励出版适应群众购买能力的图书报刊；鼓励网络文化运营商开发更多低收费业务等。这些政策都为加大社会力量的参与力度奠定了基础，有助于实现经济发展新常态下文化消费的持续增长[①]。

国内为促进文化事业与产业融合各地有许多有益的尝试和实践，如文化文物单位与社会力量深度合作，进行文化创意产品研发、生产和经营；一些地方政府结合当地消费特点和需求设计、发放文惠卡，以折扣、积分等形式促进文化消费；多地通过拓展城市公共文化服务空间，提升市民文化素养，推动文化产业和旅游融合发展、推进乡村手工艺振兴；搭建文化产品和服务的供需对接平台等。

案例：故宫博物院：文创产品开发带动产业发展

故宫博物院于2008年成立故宫文化创意中心。2008年故宫博物院的淘宝账号"故宫淘宝"就已上线售卖故宫周边产品。但起初由于产品与旅游景点的纪念品大同小异，价格高昂、新意也不足，销量并不理想。

2013年台北故宫博物院推出《朕知道了》创意纸胶带，在网络爆红，

---

① 李国新. 公共文化服务业——政府、市场、社会缺一不可 [EB/OL]. [2015-01-16]. http://views.ce.cn/view/ent/201501/16/t20150116_4355585.shtml.

让故宫博物院开始重视文创产品的开发。2013年故宫博物院第一次面向公众征集文化产品创意，举办以"把故宫文化带回家"为主题的文创设计大赛。故宫博物院还广泛开展跨界合作，如和时尚芭莎合作设计珠宝；和稻香村合作在端午节推出五毒小饼，在中秋节推出以宋徽宗画作为设计元素的月饼；和农夫山泉联合出品了"故宫瓶"等。

故宫博物院内外的文创商店都是统一经营、统一形象设计、统一价格的特许经销店，然而每个门店都有自己不同的特色。在故宫文创产品专卖店前，甚至还设有3D明信片自动售货机。在多个城市潮人的聚集地，故宫还开了多家线下快闪店。

故宫在网络上打开"宫门"①，目前拥有4家文创网络经营主体：故宫博物院文化创意馆、售卖创意生活用品的故宫博物院文创旗舰店、主打年轻化的故宫淘宝店，以及更趋于大众化的故宫商城。4家经营主体面向社会不同人群，产品风格各有特色，实现差异化经营。

其中，故宫博物院文创旗舰店配合故宫博物院展览，做主题性文化挖掘，研发了"千里江山"系列、"清明上河图"系列等产品，已积累300万多粉丝；故宫淘宝走"萌趣精致"产品路线，致力于以轻松时尚方式展现故宫文物、推广故宫文化，推出故宫娃娃、折扇团扇、文具用品等产品，已经拥有500多万粉丝。

2016年故宫文创销售额超过10亿元，2017年故宫博物院文创产品收入达15亿元，其中网络上大火的"故宫口红"已卖出百万套。

在故宫博物院的带动下，国内越来越多的博物馆开始进行文创产品开发。比如，国家博物馆于2016年1月登陆天猫，上线文创品牌"国博衍艺"，

---

① 故宫博物院. 文创 [EB/OL]. [2017-05-23]. http://www.dpm.org.cn/Creative.html.

目前粉丝已达100万。

案例：广东省惠州市：文化惠民卡制度促进文化消费

2012年，惠州市作为广东省首个基本公共服务均等化改革试点市，在广东省率先建立专门面向社会基层困难和特殊群体发放文化消费补贴的文化惠民卡制度。

2013年初，惠州市开始在惠城区和仲恺高新技术产业开发区试点推行文化惠民卡。发放对象包括惠州市所有享受抚恤定补的优抚对象、低保家庭、五保供养户、城镇"三无"人员、在惠家庭经济困难学生以及一定比例符合条件的在惠务工人员。持卡用户享受每卡每年财政补贴充值200元的优惠。惠州市选择一批优秀企业作为特约文化商户，设立"惠州文化惠民卡消费点"，特约文化商户为持卡用户提供4—8折不等的折扣优惠。2013年惠州市级财政共投入600万元，发卡2.75万张，关联受益人口约10万人。

从2014年开始，惠州市文化惠民卡进入全面实施阶段，发放区域扩大至全市7个县（区），发卡数量从2.75万张增至14万张，发放文化消费财政补贴资金规模从600万元增至2800万元。

2015年惠州市文化广电新闻出版局在市文化馆设立文化惠民卡服务中心，为文化惠民卡持卡人提供集中咨询与服务。全市公共图书馆还开通了文化惠民卡图书借阅功能。

惠州市采用"政府补贴、商户让利、政银合作"的方式，使一大批文化企业自愿成为文化惠民卡制度的特约文化商户，为持卡用户提供4-8折不等的折扣优惠。文化惠民卡发放两年以来，特约文化商户已达近300家，以平均5折的消费折扣来计算，消费优惠规模约6000万元[①]。

---

① 文化惠民卡 [EB/ OL].[2017-05-22]. http://www.hzswhg.com/.

文化惠民卡制度还把文化服务内容的选择权还给服务对象，实现"群众点菜、政府买单"，让持卡人面对众多文化企业提供的"文化菜单"，自由选择、自主消费，更好地满足了群众的个性化需求、差异化消费，从而极大地激发人民群众进行文化消费的热情。

案例：成都街头艺术表演：公共文化助推文旅融合

成都市规范化以音乐类为主的街头艺术表演，实现街头艺人合法收费，打通街头艺术的生存通道，具体开展街头艺人征集、表演节目审核、推广展示平台搭建等工作，规范了街头艺人管理、持证上岗。

组织构架：在成都市政府主导下，确立了由成都市文化广电新闻出版局、成都市音乐产业推进办公室主办，成都市文化馆、成都市文化志愿者协会承办，引入第三方社会专业机构负责日常运营的组织机构架构。

● 成都市政府：主导方向、确定原则，提供选拔、培训、管理等相关费用；

● 成都市文化广电新闻出版局、成都市音乐产业推进办公室：统筹协调、调配资源，包括协商街头表演的合法化、为街头艺人提供更广阔的发展空间等；

● 第三方社会专业机构：日常管理、具体实施，包括艺人演出排期、日常管理考核、组织主题活动、协调突发事件等；

● 成都市文化馆：上传下达、横向桥梁，同时发挥业务干部在街头艺人选拔、培训指导等方面的专业能力。

执证表演、积分制管理：在招募阶段，组建成立了由高校教授、专业音乐制作人、专业院团老师等专家构成的近40人的"街头艺术表演专家委员会"，负责把关招募街头艺人质量，并为选手提供专业点评、指导及发展建议。采取年度优秀艺人有奖励基金，还能获得媒体专访推广等激励政策。

平台孵化：多渠道构建项目价值，增强平台吸引力，包括营造圈子文化、协调提供专业演唱会观摩门票、推荐街头艺人参加大型音乐节会演出、搭建与专业经纪公司的互动联络桥梁、为优秀街头艺人举办专场演出等。

自2018年3月启动以来，已完成艺人招录3批，累计127组221人，在成都市60个精选点位，演出1300多场次、吸引现场观众60余万人次。截至2018年12月12日，第四批街头艺人招募已经结束。

表3-3　2018年成都街头艺术表演首批试点点位

锦江区（5个）	Ifs广场、春熙路、兰桂坊、锦华万达广场、天府广场
金牛区（5个）	驷马桥街道城中汇广场、欢乐谷、抚琴街道沙湾凯德广场、蜀汉路欧尚、九里堤人人乐广场
武侯区（5个）	来福士广场、大悦城、双楠伊藤洋华堂广场、花开玉林特色街区（玉林街7号）、音乐坊
青羊区（5个）	宽窄巷子、西村、文殊坊、优品道广场、琴台路
成华区（5个）	339电视塔、隆鑫九熙广场、东郊记忆、建设路钻石广场、财富又一城广场
高新区（5个）	世豪广场、铁像寺水街、高新凯德天府、银泰城、复城国际广场

三、我国社会力量参与公共图书馆事业建设存在的问题

（一）鼓励社会力量参与的配套法律、政策、制度不健全

改革开放以来，我国先后制定了一系列文化法律、法规和部门规章，但鼓励和扶持社会力量参与的政策法规仍相当不健全，主要体现在：

我国鼓励社会力量参与公共文化服务的配套法律、政策、制度不健全，针对性不强，在重点解决各类型公共文化机构社会化运行机制和可持续发展保障机制，包括财政投入、税后优惠、社会捐赠、民间参与等多方面，其可操作体制和制度化配套政策法规尚不完善。社会力量参与公共文化服

务的政策与举措不具备普适性。很多政策尽管发文规格较高，但因其都是些规划纲要、指导原则等宏观政策，过于笼统和模糊，不利于具体参照执行，政策法规内容还时有冲突内容存在，使得社会力量参与难于具体操作，或存在违法违规之嫌。如，鼓励社会力量参与公共文化服务可开展低收费服务，但具体到基层执行上，相关政策环境还不成熟，可操作性的细则与程序，可量化的评估机制以及监管机制均尚未完全建立。同时，社会力量参与的手续烦琐，参与难度大，导致优惠政策的激励性大打折扣，不少企业及个人在捐赠时，若数额不是很大，一般都采取直接捐赠，宁愿不享受税收优惠。

（二）政府投入对社会资本的撬动性发挥不够

目前在公共文化服务领域，经费仍然以政府财政投入为主。虽然近年来社会力量通过冠名赞助、捐赠、建立专项基金等方式开始广泛参与公共文化服务的投入，但多为个别行为，尚未形成稳定的多元投入机制。例如，不少企业的投入行为完全是出于企业负责人的社会责任感和个人兴趣爱好，在企业经济效益不好时，投入则难以为继。此外许多企业及个人还属于被动出资参与，如个别企业在政府要求下，被动资助某项公益文化项目，但政府换届后，企业可能就不会继续资助，导致项目流产。总之，若不能建立运行良好的多元投入机制，会导致投入不具有长期性和稳定性，有时甚至还会带来不良后果。

（三）承接政府购买公共文化服务的社会组织不发达

近年来我国社会组织虽然得到较快发展，但参与我国公共文化服务的文化类社会组织仍然存在不少问题，如规模有限、类型单一、专业化程度不高、造血能力差、自身管理制度不完善、地位尴尬等。

我国有相当一部分社会组织处在资金严重不足的状况下。例如，为抢救濒临绝迹的国家级非物质文化遗产——台州乱弹，台州市的方远建设、东港工贸、海正药业三家企业和台州市、椒江区两级政府共同出资组建了非营利性的文化团体——海东方乱弹剧团，三家企业承诺三年内每年每家给予一定的资金补助。然而三年后，企业不再继续对其进行资助，台州乱弹的传承再次面临危机。同时，我国社会组织普遍缺乏良好的组织内部自律机制、行业自律机制。文化宣传具有高度的政治敏感性，社会力量参与公共文化服务也需加强对意识形态的掌控。有些私人图书馆提供的图书中含有不良信息，有些演出团体的表演格调低俗，都会对社会造成极为不良的影响，对于这类组织，政府应该依法打击与取缔。

（四）政府对社会力量参与行为的监管不到位

随着市场经济的不断发展，市场主体、社会主体、利益主体日趋多元化，公共文化服务领域采取市场化、社会化运作时如何对社会力量的参与行为进行有效监管，维护公共利益，已成为政府管理面临的新挑战。当前各类社会力量参与公共文化服务的动机、能力、资源和质量存在较大差异，部分社会力量受经济利益驱使，在参与过程中偏离了公益属性。如，企业资助的公益文化活动演变成了企业产品介绍会；在免费租用公共文化场所开展超出标准的收费培训；政府采购的公共文化服务有数量没质量，内容单一；鼓励社会力量参与之后，政府责任也退出，成为"甩手掌柜"；政府始终对参与公共文化服务的社会力量加以控制，或不编制严格的采购程序，直接由政府部门、官员决定相关社会组织提供文化产品，导致权力寻租、腐败滋生等。

第四章　完善社会力量参与公共图书馆事业建设的策略建议

尽管我国社会力量参与公共图书馆事业建设的实践发展迅速，但面对目前法规保障、现行体制、社会环境等方面的制约，为保障社会力量参与能顺利和可持续发展，需要从贯彻政府主导精神、完善配套政策、拓宽筹资渠道、创新社会参与方式、培育文化类社会组织、健全监督评估机制等方面入手进一步完善。

一、贯彻政府主导精神

（一）落实引导社会力量参与的政策精神

《保障法》明确了政府在公共文化服务中的主导责任，包括政府在公共文化设施建设及在公共文化服务组织、管理、提供、保障中的职责。结合《保障法》中关于鼓励社会力量参与有关政策规定和国家公共文化服务体系示范区创建有关要求和标准，各级政府需要会同财政局、法制办、民政局、文化局、公共文化机构等多方，积极落实引导社会力量参与的政策精神，完善并巩固政府组织领导、部门齐抓共管、社会组织广泛参与、公共文化机构尽力尽责的管理机制。

（二）增强主动寻找合作伙伴参与的意识

公共文化服务体系建设是政府职责，政府要起主导作用，但政府并不是公共文化服务的唯一提供者。政府有责任对社会力量参与公共文化建设自觉主动地进行有效引导、科学指导。在这里，公共文化机构要增强主动作为意识，为吸引社会力量参与多做贡献，突出对项目的招引，扩大宣传力度，加快各种合作项目落实、落地、落成。努力打造服务品牌，通过品牌效应，扩大知名度，发掘民间力量的文化参与热情。

二、完善配套政策

（一）完善中央相关政策制定

我国中央政策针对社会力量参与公共文化服务，例如《社会团体登记管理条例》《民办非企业单位登记管理暂行条例》《基金会管理办法》等对社会组织参与公共文化建设主体的登记与管理等进行了规范，对其准入也有一定的限制。2015年四部委《关于做好政府向社会力量购买公共文化服务工作的意见》建立了政府向社会力量购买公共文化服务机制；《保障法》和《公共图书馆法》出台也明确鼓励社会力量参与公共文化服务，在此基础上应从慈善捐赠、公私合作、事业产业融合等具体领域进一步完善中央政策制定。

（二）加强政府部门间相关政策支持

政府应鼓励社会力量参与公共文化服务体系建设，需要进一步完善鼓励社会捐赠、政府购买、民办机构、文化志愿者、社会资本引入等相关政策，文化部门要会同民政、财政、税务等部门，进一步完善相关细则。如，改革有关社会组织双重登记管理方面的法律法规，提高管理效率；落实对捐赠人或捐赠单位的奖励办法，比如建设优先权、税收减免、冠名权等，政府各部门需要在政策上协调、配合、支持。

（三）制定中央与地方政府分层政策

各级政府应明确基本公共文化服务权责，尤其是省级以下各级政府的事权，不同层级的政府制定推动地方公共文化服务发展的政策。中央政府的主要任务制定宏观指导政策。省（市）政府的主要任务是中层协调监督，制定协调各政府职能部门和事业单位、企业、社会组织等的关系并开展监督。县（市、区）政府应重点抓好基层落实，根据本地实际，制定具体的公共文化服务规程，吸纳多元主体参与公共文化服务的政策措施，关注适应本地的基本公共文化服务范围划分、服务标准制定、财政转移支付办法及服务监督评估机制的确立等。

（四）制定地方政府之间差异化政策

我国地域辽阔，各地文化传统、文化资源、经济实力等千差万别，需要各地政府根据自己的实际情况，制定适合地方经济特色、文化传统及地域风情等的导向性、鼓励性政策及公共文化服务发展规划，还应增强政策的可操作性，尽最大可能鼓励企事业单位、社会组织及广大公民等多种社会力量参与当地的公共文化服务体系建设。

三、拓宽筹资渠道

（一）建立专项扶持资金

各级政府可以在财政预算中设立促进文化类社会组织发展的专项基金，并为社会力量进入公共文化服务领域提供信贷支持。对某些民办性质的文化设施、经营文化活动、精品文化创作等，可以将其列入政府扶持项目，通过项目化运作的方式扶持艺术创作、推动文化交流传播、培养艺术人才等。

（二）简化手续减少收费支出

政府可以通过进一步清理行政机关和事业单位收费，明确规定任何部门无权向企业、文化类社会组织收取除法律法规和国务院财政、价格主管部门规定的收费项目之外的任何费用。

（三）完善社会捐赠激励机制

政府要加快落实并完善文化事业捐赠机制，制定必要的文化经济政策，通过减免税费、资金扶持、表彰冠名、业务培训、项目帮扶等优惠政策吸引投资方和赞助方，引导企业、组织及个人等各种社会力量以不同形式将社会资金捐赠或赞助给公共文化服务事业。加强对捐赠税收优惠政策的宣传解释，简化操作手续，下放免税审查资格审批权，通过遗产税鼓励富人向公益文化事业捐赠等。除税收优惠外，政府还可从土地转让、建设规费、水电使用、其他政策性补贴等方面给予一定优惠，尤其可以通过授予个人名誉馆长、名誉顾问、馆舍冠名等方式，吸引企业家或社会人士投资捐赠。

（四）鼓励成立文化基金会

政府可通过鼓励设立和完善公共文化服务基金，广泛吸纳公共财政、企业和各种社会力量捐赠的资金。各地可以通过探索成立半官方的文化发展基金会来吸引和统筹安排使用社会资金，如北京文化发展基金会、上海文化发展基金会等。此外，还可以建立地域性的、专项文化服务基金会，吸纳资金有重点地支持某方面的公益性文化建设项目和文化活动，如杭州市图书馆事业基金会。与此同时，经济较发达的村（社区）也可探索实行设立村（社区）级别的文化建设基金会，鼓励带动当地社会力量投入公共文化服务建设，如宁波慈溪市宗汉街道联兴村的创新者之约文化基金会。

（五）探索发行文化彩票和债券

发行文化彩票是以日常方式吸纳民间资本投入的高效、操作性强的方法。目前我国已设立福利彩票和体育彩票两种彩票，可考虑也单独设立文化彩票，或将文化彩票与体育彩票合并，设立文体彩票，以促进我国文化与体育事业的共同发展。无论采取哪种设立方式，文化彩票都能持续地提供财力支持，有效缓解公共文化服务发展面临的资金压力。针对建设周期长的文化基础设施和基础项目，还可以发行较长期限的文化专项债券，用于文化事业的资金投入。

四、创新社会参与方式

（一）加大政府文化采购

政府可以通过公开招标、邀请招标、竞争性谈判、单一来源采购、询价等国务院政府采购监督管理部门认定的政府采购方式，加大政府文化采购；通过购买扶持公共文化服务领域企业与文化类社会组织的发展，推进公共文化服务市场化，使社会资本兴办的公益文化享受到与国有文化事业单位的同等待遇，获得同等竞争机会。

（二）推广公私合作模式

推广公私合作模式，允许社会资本参与图书馆、文化馆、博物馆、剧院等公共文化设施前期建设和后期运营。公共图书馆等公益性事业单位，要以平等的心态、开放的精神、竞争的勇气，利用人才、技术、设施、管理等方面的优势，密切与民办企业、文化类社会组织等进行多形式、广渠道、全方位合作。通过探索"国有民营""民办公助"等方式，盘活国有文化单位"存量"，推动社会力量与政府合作的新模式。

（三）探索社会化管理运营

公共文化机构可以通过政府购买、政府补贴、企业冠名、社会赞助等方式，探索委托社会组织、专业公司进行管理运营的模式，也可以通过"民办公助"的形式，将民办文化机构吸纳进公共文化服务体系，创新公共文化服务体系投入与管理机制。

（四）加快文化人才多向流动

政府应该进一步打破现有编制障碍，融合体制内外人才，加强人才流动，将文化类社会组织与民营机构中的大量优秀人才通过岗位购买、人才引进、人事代理、劳务派遣等多种形式引入国有公益性文化事业单位，建立文化人才的沟通机制，进一步充实公共文化人才队伍。

（五）鼓励文化事业和产业融合

政府应该进一步鼓励文化事业、文化产业和旅游行业的融合发展，建立适度竞争、消费挂钩、择优扶持的新机制，由直接补贴文化经营单位向补贴居民文化消费转变。提高对文化商户的扶持和绩效奖励水平，通过以奖代补，激发、提升文化企业的服务质量和惠民力度；支持文化企业进行信用融资；鼓励和扶持文化类电商平台；挖掘地方特色和文化传统，打造特色文化旅游等。

五、培育文化类社会组织

（一）放宽文化类社会组织准入门槛

我国文化类社会组织实行双重管理体制以及特殊审批，十八届三中全会明确指出公益慈善类等四大类社会组织可以直接向民政部门登记，不必再寻找相关业务指导单位。但就目前来看，直接登记制还处于试点阶段且文化类社会组织不在此试点范围。对文化类社会组织应逐步放宽登记条件，降低准入门槛，简化登记程序，对非重点领域社会组织放开直接登记。尚未符合登记条件的文化类社会组织，可先在基层居委、街道、社团管理部门备案，文联、作协、文化馆等相关单位应主动进行业务联系，帮助社会组织取得登记资格。

（二）加大政府购买社会组织服务力度

政府向文化类社会组织购买公共文化服务是对公共文化服务供给机制的创新，更是扶持、培育社会组织的重要手段，如民间文化活动组织、群众性文化团队管理等文化服务，其实更适合社会组织去提供，政府可以将这部分职能转移，并根据费随事转的原则调拨相应资金予以保障，为社会组织发展创造更多生存空间。因此，政府应加快职能转变，加大购买服务力度，详细列出需要购买的文化服务清单，购买对象向文化类社会组织倾斜，用政府购买服务的方式培育文化类社会组织发展壮大，提高政府公共文化服务的效率和满意度。

（三）提升对文化类社会组织的奖励和补贴

政府应该加强对文化类社会组织的鼓励培育，建立比较完善的税收优惠配套政策，区别对待公益性文化类社会组织和其他社会组织，给予不同的税收优惠；建立规范的考评体系，明确公益性文化类社会组织参与公益类项目的免税范围和实际标准；完善捐赠者所得税扣除政策，调整关于捐赠数额从所得税中扣除的比例，提高捐赠者参与社会公益活动的积极性。

六、健全监督评估机制

（一）政策执行规范监管

在引导社会力量参与的过程中，政府应该加强对政策执行的规范监管，在总结实践经验的基础上，逐步建立和完善政府购买服务、项目招标、第三方评估、社会化运作管理等工作制度，健全运作机制，以确保社会力量参与公共文化建设中政府的主导责任不变、实现公益服务的原则不变。

（二）加强信息公开反馈

政府对于购买的招投标项目，应该通过公开发布招标信息，扩大知晓范围，实现充分竞争。同时，向社会公开政府采购公共文化产品和服务的经费预算、服务标准等信息，接受社会监督。通过公共文化机构服务情况年报对社会力量参与情况进行公开。对非营利性文化活动资助项目，要制定具体资助办法和申报制度，明确设定受资助范围、条件、要求、标准等，公开征集申报，通过信息发布、机构申报、专家评审、领导审批等必要程序，确定资助对象，避免资助的随意性。此外，对政府采购的公益性文化演出项目等建立供给数量、质量、现场效果等反馈收集制度和意见采纳公示制度等，通过沟通平衡调整供需渠道。

（三）丰富绩效评估方式

若想合理配置、高效使用公共文化资源，政府需要加强对社会力量的监督管理和购买资助的绩效评估工作。对于通过招标采购、项目外包、授权、补贴等方式，委托社会机构承办的各类文化活动，政府要根据文化采购的特点、范围、种类及管理方式，制定专门的绩效评估实施办法，并针对实施效果，建立政府管理、社会主导的多元化评估体系与评估办法。实行评估办法和评估主体分离制，政府主要负责程序制定、指标确立、评定绩效奖惩等制度性工作。评估过程交由专家学者、公众代表、第三方机构等完成，对取得政府公益性文化活动承办权或获得政府资助的社会文化机构或项目，做好事前评估、事中跟踪、事后审计，确保政府购买和资助的有效性，提高公共文化服务社会化运作的绩效水平。

（四）开创社会监督局面

为引导社会力量参与，政府应建立社会监督机制，要求政府机关、公共文化机构、社会组织向公众公开其财务、活动、管理等信息，在提供公共文化服务工作时，营造全民参与、全员监督的和谐文化建设新局面。如，成立文化义务监督队，充分动员全社会人大代表、政协委员、学生、文艺骨干、退休职工、外来打工者等各类人士参与，充分发挥各类人群在公共文化建设中的社会监督作用。

下　篇
杭州探索

第五章　杭州市鼓励社会力量参与公共图书馆事业建设的缘起

一、杭州市政治经济文化发展取得较高成就

杭州，古称临安、钱塘，集聚了16.7%的浙江人口，24.3%的生产总值，是浙江省省会城市，也是浙江省政治、经济、文化和科教中心，长江三角洲中心城市之一①。截至2018年，全市下辖10个区、2个县、1个县级市，总面积16 850平方千米，常住人口980.6万人，城镇人口759.0万人，城镇化率77.4%②。近年来，杭州市着力加快结构调整，推进产业转型升级，经济发展迅速。据2018年统计数据，杭州市实现地区生产总值13 509亿元，比上年增长6.7%，高于全国0.1个百分点。常住人口人均生产总值14.02万元，按年均汇率折算，为21 184美元，在副省级以上城市中居第4位③。杭州也是历史文化名城，有着悠久的历史和深厚的文化积淀，是中国著名的七大古都之一。杭州风景秀丽，素有"人间天堂"的美誉；人文古迹众多，西湖及其周边有大量的自然及人文景观遗迹，西湖文化、良渚文化、丝绸文化、

---

① 国务院关于杭州市城市总体规划的批复［EB/OL］.［2016-01-19］. http://www.gov.cn/zhengce/content/2016-01/19/content_5034127.htm.

②③ 杭州市政府网站. 杭州概览［EB/OL］.［2019-07-19］. http://www.hangzhou.gov.cn/col/col805740/index.html.

茶文化等具有代表性的文化共同成为杭州人文的象征。

从"三面湖山一面城"的西湖时代，到"一江春水穿城过"的拥江发展格局；从城市的有机更新，到历史文化名城的建设；从打造优美宜居的生态环境，到推进城乡绿色发展；从"四通八达"的交通路网建设，到纵横交错的城区河道治理；从城中村改造，到小城镇环境综合整治，杭州是一座现代化且不断发展的城市。杭州的城市发展不仅体现在环境、旅游、设施、产业等城市基本发展的一些显性的领域，也表现在观念、文化、价值、氛围等隐性的领域。十多年来，杭州先后获得联合国人居奖和中国人居环境奖，被评为"国际花园城市"和"全国环保模范城"。连续多年被世界银行评为"中国城市总体投资环境最佳城市"第一名，被美国《福布斯》杂志评为"中国大陆最佳商业城市排行榜"第一名，被新华社《瞭望东方周刊》评为"中国最具幸福感城市"第一名，连续四年在《财富》（中文版）组织的投票中蝉联"中国最适宜退休的城市"榜首，被中国中央电视台评为"中国最具经济活力城市"，和谐发展指数排名全国第三（共41个城市），先后赢得了"国家卫生城市"、"全国绿化先进城市"、"全国园林城市"、"全国城市环境综合整治优秀城市"、"全国创建文明城市工作先进城市"、首批"中国优秀旅游城市"等称号，被公安部列为"社会治安群众满意率最高"的城市。这些都是对杭州城市建设在政治、经济、文化等方面的发展取得较高成就，城市品质显著提升的充分肯定。

在城市迅速发展的背景下，杭州居民的消费需求也发生了变化，呈现出由"物质"到"精神"的转变，人们已经不再满足于基本的物质需求，转而追求更加美好的生活和高层次的精神需求。这种变化明显地体现在数据上，从1995年到2010年再到2017年，杭州城镇居民对食品类基本生存品的消费比重显著下降，恩格尔系数（食品消费支出占消费支出的比重）从

1995年的49.91%下降到2010年的38.53%再到2017年的27.27%；教育文化娱乐服务支出占总消费性支出的比例则从1995年的7.79%上升到2010年的10.33%直至2017年的11.38%（详见表5-1）[①]。

表 5-1　杭州城镇居民家庭人均消费性支出对比情况表

年份		1995	2010	2017
总消费性支出（元）		5558.62	20 218.98	38 179.00
食品消费	支出（元）	2774.32	7790.18	10 412.00
	占比（%）	49.91	38.53	27.27
教育文化娱乐消费	支出（元）	433.13	2088.77	4346.00
	占比（%）	7.79	10.33	11.38

数据来源：1999—2018年《杭州统计年鉴》。

二、民营经济成为杭州经济发展的重要引擎

民营经济是一个地区经济发展的内生力量。杭州是全国闻名的民营经济强市，无论是传统制造业，还是互联网高科技企业，在杭州都能扎根。从20世纪80年代的鲁冠球、宗庆后，到90年代的李书福，再到互联网时代的马云和丁磊，杭州云集了阿里巴巴、海康威视、大华、娃哈哈、贝因美、同花顺、宋城演艺、绿城集团等一大批知名的民营企业。据统计，2017年末，杭州拥有上市企业163家，数量仅次于北京、上海、深圳，居全国城市第4位。浙江省估值10亿美元以上的创新企业有23家，杭州占22家。2017年，杭州市民营经济实现增加值7561亿元，占GDP的60.2%，民间投资占固定资产投资比重为56.4%，比2016年提高4.6个百分点。而且杭州民营企业的

————————

① 杭州市政府网站. 杭州统计年鉴 [EB/OL]. [2019-08-19]. http://www.hangzhou.gov.cn/col/col805867/.

创新活力依旧澎湃。杭州首次发布的新设小微企业活力指数报告显示，2015年至2017年，杭州三年累计新设小微企业 19.97 万家，其中，2017 年杭州市新增小微企业数达到 84 964 家，同比 2016 年增加 30.32%，呈较快增长趋势。全国工商联发布 2018 年中国民营企业 500 强榜单，浙江省有 93 家企业入围，位列全国省份第一；杭州市有 36 家企业入围，连续十六次蝉联全国城市第一。据杭州市统计局的统计数据，民间投资已经成为杭州市投资增长新亮点，呈现出国有投资向民间投资转移的态势，民营经济成为杭州经济发展的重要引擎[①]。

　　民营企业家中蕴藏着巨大的公益热情。2003 年以来，随着中国民营企业的发展和个人财富的增长，民营企业家参与慈善活动、捐款数量逐步增加，已经成为推动中国公益慈善事业发展和社会进步非常重要的力量。据统计，民营企业发达的浙江省，近年来各级慈善组织所接受的捐赠中，近80% 来自民营企业[②]。杭州的不少民营企业家在积累了一定财富之后，积极履行社会责任，投身公益事业，不仅捐钱，而且深度参与，积极贡献他们的时间，以及他们作为企业家的创新思维和智慧。比如慈善家联盟理事长、桃花源生态保护基金会董事局执行主席、银泰公益基金会创始人，银泰集团董事长沈国军，在公益领域创新了中国商业成功与社会公益的共享价值模式，被哈佛商学院收录为全球首个案例。阿里巴巴创始人马云热心公益，2010 年阿里巴巴就承诺每年拿出营业收入的千分之三投入公益，并在此基础上于 2011 年底成立了阿里巴巴公益基金会，同时，马云还向全体员工发

---

　　① 2018中国民营企业500强调研分析报告.[EB/OL].[2018-08-29]. http://www.acfic.org.cn/zzjg_327/nsjg/jjb/jjbgzhdzt/2018my5bq/2018my5bq_bgbd/201808/t20180820_55528.html.

　　② 邓国胜.《中国慈善家捐赠动机与行为模式调研报告》发布[EB/OL].[2019-09-07]. http://www.philanthropists.cn/2018/1226/6262.html.

出"每人每年完成3小时公益志愿服务"的倡议，以此带动更多人参与公益；马云个人于2014年底个人出资成立了马云公益基金会，推出了"马云乡村教师计划暨马云乡村教师奖""马云乡村校长计划""马云乡村师范生计划"等支持乡村教育脱贫的计划，为振兴乡村教育，呼吁社会各界关注乡村教育产生了积极的影响。

公共图书馆作为一个公共文化机构，一直是吸引公益捐赠的一个重要领域。在欧美国家，慈善捐赠已经成为公共图书馆除政府投资之外重要的经费来源。在我国，海外华侨、名人名家、知名企业等对文化事业的捐助也由来已久，如李嘉诚、霍英东、邵逸夫等对图书馆、学校的捐赠，飞利浦集团在全国建立希望小学和图书馆等。而在民营经济发展澎湃的杭州，应该说公共图书馆拥有非常好的获得企业等各种公益支持的环境基础和社会土壤。

三、杭州市公共文化事业发展进入转型期

随着杭州城市政治经济的不断发展，城市建设取得显著成就，相应的，城市发展也进入了一个转型期，即城市竞争力转向比拼文化竞争力。这是区域经济竞争的高级形态，其带来的效应是长远的、可持续的，也是决定未来的。同时，城市发展带来人民生活水平的不断提升，使得市民有了对"更加美好生活"的追求，这种追求更多地体现在文化休闲等精神生活的层面，这对杭州的公共文化事业也提出了新的要求。

我国公共文化领域从20世纪80年代开始推行"以文养文，以文补文"，这是当时的历史环境下产生的一种特殊的政策。2002年，党的十六大正式提出将文化事业与文化产业相分离，强调文化产业要坚持市场主导、企业主体，满足人民群众多层次、多方面、多样化的精神文化需求；文化事业

则应该是公共和免费的，要保障人民群众的基本文化权益，因此不能用市场运作的方式来搞文化事业，要坚持政府主导、财政支持。这为文化事业和文化产业的发展都描绘了清晰的路径。当然，不论是文化事业还是文化产业，他们只是运行方式的差别，其承载的精神内容是一致的。因此，文化事业和文化产业要"两手抓、两手强"，要推动两者的融合发展，以文化事业带动文化产业不断发展壮大，以文化产业支撑文化事业全面繁荣兴旺。

构建现代公共文化服务体系是促进文化事业繁荣发展的必然条件。虽然公共文化建设主要依靠政府主导，但公共文化服务体系的建立不是单靠政府就可以完成的，而需要全社会各个文化组织、文化体系以及人民大众的共同努力，满足人民日益增长的精神文化需求。只有引入市场机制和市场手段，才能更有效地配置公共文化资源、提高公共文化服务效能，实现公共文化基本服务和个性化服务的有机统一。因此，鼓励公民、法人、其他组织参与公共文化服务对建立健全公共文化服务体系、保障公民的文化权利具有十分重要的作用，这也是推动文化体制机制改革的关键。

在这一文化事业和文化产业的转型过程中，杭州市以理念的创新和积极的实践走在了全国的前列，将公共文化服务体系建设作为建设"生活品质之城"的重要内容，不断加大投入，创新思路，在提高公共文化服务能力、推进公益性文化事业单位改革等方面取得了突破。杭州市较早出台了《杭州市公共文化服务体系建设规划（2008—2010年）》，这是浙江省内制订的第一个关于公共文化服务体系建设的专项规划，其中就比较充分地体现了"政府主导、社会参与，面向基层、服务群众，保障权益多元发展，统筹发展、资源共享，重在普及、着眼提高"等理念。杭州市还比较早地创新了公共文化服务投入机制，在全国最早试行"公益性文化产品政府采购制度"，从而使财政政策的杠杆作用突显了出来。比如杭州滑稽艺术剧院的

"双百进社区"活动和杭州红星文化大厦的"开启音乐之门"系列音乐会分别从政府文化事业建设费中各获得了20万元的采购基金。杭州市还鼓励企业以冠名等形式投入公共文化事业，2008—2010年三年间萧山剧院组织的各类演出由企业冠名和赞助的占近40%。总之，为进一步加快文化事业和文化产业的发展，杭州市政府出台了许多配套政策，因势利导，努力激发民营经济等多种社会力量投身文化事业和文化产业的巨大热情。

在"以文养文，以文补文"的政策退出历史舞台之后，虽然政府对公共文化事业的资金供给有了长足的增长，但是一个明显的事实是，政府投入达到一定水平之后不可能无限上升，公共图书馆作为公共文化服务的重要平台仍然面临资金、人员、设备、创新性等方面的发展困境。尤其是面对日趋数字化、多元化和开放的现代社会以及公众不断增长的公共文化需求，公共图书馆要取得更大的发展，更需要具备在政府主导下，通过社会力量的参与，获得更多可持续发展动力的自我成长能力。杭州市良好的民营经济基础、公众较高的公益事业热情以及政府一系列的政策支持，为杭州市公共图书馆事业与社会机构合作、开展社会化工作提供了良好的社会环境和政策基础。

杭州图书馆深受杭州市城市发展大环境的影响，同时积极借鉴欧美国家公共图书馆发展经验，是国内较早引入社会力量参与公共图书馆事业的公共图书馆之一。

2000年左右发生的一件事对杭州图书馆影响巨大。当时的图书馆没有空调，夏天的时候就有读者反映阅览室太热了，希望杭州图书馆能改善基础设施，为市民提供一个更加清凉的阅读环境。虽然杭州图书馆向上级部门提出了申请，但囿于文化事业经费有限，一直没能为此事安排出专项资金。时任杭州银泰百货总经理的厉玲女士听说了这一情况之后，主动提出可以捐赠一笔费用，专门为杭州图书馆购买空调。于是，不久之后，杭州市民就用上了有空调的图书馆，再也不会一边看书一边挥汗如雨了。厉玲女士的这一善举对当时的杭州图书馆领导层触动很大，大家意识到民间蕴藏着巨大的对公共事业的热情，很多企业家都非常愿意为公益事业做出自己的贡献，公共图书馆完全可以因势利导，引入更多的社会力量参与图书馆工作，弥补自身在资金、人员、设备等方面的不足。于是，杭州图书馆开始积极尝试发展与更多社会力量的合作，通过倡导发起杭州市图书馆事业基金会、引导社会力量参与主题分馆建设、与社会力量合作开展文化活动、志愿者队伍建设以及业务外包等形式，探索了一条动员系统内外力量，共同推动公共图书馆事业发展的道路。

第六章　杭州市图书馆事业基金会建设

图书馆基金会因其成立的法定性、管理的规范性、运作的专业性、资金的安全性和基金会的非营利性，可以最大限度消除慈善人士的顾虑，汇集各方捐赠资金，因此一直是图书馆事业公益捐赠的主要形式。杭州图书馆倡导发起的杭州市图书馆事业基金会成立于2003年12月，是我国第一家公共图书馆事业基金会。该基金会经当时的业务主管单位浙江省文化厅同意，在浙江省民政厅登记注册成立，是具有独立社会法人资格的公募基金会。其宗旨是围绕贯彻落实国家关于建设公共文化服务体系的政策，推动全社会关心支持公共图书馆事业的发展，开展全民阅读的普及推广工作，加强与国内外公共图书馆的交流互动，促进公益事业的全面提升。

一、基金会的基金募集

杭州市图书馆事业基金会的原始资金来源于读者借书证押金和企业家捐赠两个方面。之后资金募集的方式主要有两种：一是向理事会成员募集资金，二是通过举办活动等方式向社会募集资金。2004年，基金会根据国务院新颁发的《基金会管理条例》对公募基金会的注册要求，将启动资金从210万元增加至400万元。截至2017年初，基金会银行账面数额约为3560万元，其中包括杭州图书馆和杭州市少年儿童图书馆押金460万元及由杭州市财政于2014年下拨的专项基金2500万元，其余为历年募捐收入及利息收入。

就接受捐赠的区域分布而言，杭州市图书馆基金会收到的资金大多来自杭州本地或浙江省内。就捐赠主体而言，主要是社会公众。他们一般通过基金会开展的活动向基金会捐款捐物，平均捐赠额度不大，但数量众多。另外，由于基金会理事会成员大部分是浙商，因此，近年来基金会理事会的捐赠在基金数额上占了较大比例。杭州市图书馆事业基金会除了接受资金和图书的捐赠外，也接受物品的捐赠。比如西子联合控股集团就通过基金会向杭州图书馆盲文分馆定向捐赠了一台电梯。

随着基金会的不断发展，基金会的总资产也在不断增加，考虑到购买债券及股票的风险较大，基金会的资金主要放在市财政以获取利息收益。

二、基金会的运作模式

为保证规范运行，杭州市图书馆事业基金会制定了一系列管理制度，包括：《杭州市图书馆事业基金会章程》《杭州市图书馆事业基金会组织机构》《杭州市图书馆事业基金会信息公开制度》《杭州市图书馆事业基金岗位设置和工作职责》等。基金会办公室设在杭州图书馆。

根据基金会章程，杭州市图书馆事业基金会由理事会进行管理。理事会由5—25名理事组成，理事每届任期为5年，任期届满之后，如获连选可以连任。理事会设理事长、副理事长、秘书长和副秘书长，均从理事中选举产生。理事会负责决定章程的修改，选举或者罢免理事长、副理事长、秘书长，章程规定的重大募捐、投资活动，基金会的分立、合并等重大事项。基金会同时设监事1—2名，监事任期与理事任期相同，期满可以连任，主要负责依照章程规定的程序检查基金会财务和会计资料，监督理事会遵守法律和章程的情况等。

三、基金会开展的主要工作

从 2003 年成立以来，杭州市图书馆事业基金会围绕其推动公共图书馆事业发展的宗旨开展了大量工作，主要包括以下几个方面：

（一）开展大量实地调研，为政府提供决策参考

从 2007 年开始，杭州市图书馆事业基金会联合了杭州市政协、农工党杭州市委员会、致公党杭州市委员会、浙江大学和杭州图书馆等多家单位，组织了专家调研组，对杭州市区县（市）、乡镇（街道）、村（社区）图书馆（室）开展大量实地调研工作。调研组充分听取了当地文化部门、区县（市）图书馆、乡镇和村干部、图书馆（室）管理人员以及市民、村民的意见和想法，先后形成《杭州市乡村图书馆（室）面临困境亟待解决——杭州市乡村图书馆（室）现状调研及对策建议》《杭州市城区及街道、社区图书馆（室）现状调研与建议》等多篇调研报告，获得市委领导的肯定及重视。经市领导批示，最终促成了全国公共图书馆行业首例"两办"文件《市委办公厅市政府办公厅关于进一步加强杭州市公共图书馆服务体系建设的实施意见》的出台和全国首个政府层面针对图书馆事业发展的专业委员会"杭州市公共图书馆发展委员会"的成立，这为基层图书馆的建设发展和大杭州"中心馆—总分馆"公共图书馆服务体系的形成与有效运作起了积极的推动作用，这也是基金会助推政府关注并支持图书馆事业的重要体现。

（二）为杭州市基层图书馆事业的发展提供支持

为杭州市基层图书馆事业发展提供支持是基金会最核心的工作之一，杭州市图书馆事业基金会为此投入了大量的人力物力，开展了诸多工作。比

如常年为杭州市区县（市）图书馆开展的各项活动提供资金支持；关注基层图书馆人员队伍建设，扶持农村图书馆（室）工作，每年举办"杭州市图书馆事业优秀工作者评选"活动，奖励优秀基层图书馆工作人员；等等。

（三）扶持贫困地区公共图书馆事业

杭州市图书馆事业基金会对图书馆事业的扶持不仅体现在杭州地区，还体现在对我国其他贫困地区公共图书馆事业发展的关注上。基金会通过捐赠资金、图书、设备以及人员交流等方式，帮助甘肃、黑龙江、贵州、吉林、青海等多个公共图书馆事业相对落后地区进行基层图书馆建设。比较典型的有，基金会对甘肃通渭县图书馆发展的深度参与，支持其建立专门的美术资料阅览室。

（四）关注弱势人群的阅读需求

杭州市图书馆事业基金会关注弱势人群的阅读需求，致力于改善其文化阅读生活状况，设立"温暖阅读专项基金"，以众多爱心人士为拾荒老人韦思浩众筹的款项为启动资金，致力于为外来务工人员的子女和留守儿童以及盲人、老年人等弱势群体提供平等、免费、无障碍阅读服务，鼓励更多爱书的人，传递求知、助学的精神。基金会联合杭州市关心下一代基金会、杭州市文化广电新闻出版局、杭州文化广播电视集团、杭州日报报业集团、杭州图书馆、FM89杭州之声、杭州平治约读信息技术有限公司等单位共同发起温暖阅读——"你点我送"大型赠书活动，线上线下相结合，为全国31个省份的外来务工人员子女和留守儿童送去了近万本图书。

（五）推动全民阅读，营造学习型城市氛围

杭州市图书馆事业基金会从成立之初就积极开展阅读推广活动，为杭州学习型城市建设贡献力量。基金会通过与杭州市各公共图书馆、政府机关、社会团体等的合作，开展了"十大书香人家"评选、"十大藏书人家"

评选、"西湖诗会"、"中国阅读"、"当艺术遇上图书馆"、"改革开放40周年阅读领航者"、青少年的宪法主题读书征文等多个阅读推广活动。仅2016年相关投入就超过150万元，对营造全民阅读氛围起到了积极的推进作用。

（六）支持图书馆从业人员服务能力的提升

杭州市图书馆事业基金会通过举办、支持"社会教育与市民终身学习国际研讨会""图书馆学实证研究学术会议"等大型图书馆学术会议，支持公共图书馆员的学习交流项目，为图书馆员和国内外业界同行的交流搭建了平台，开阔了馆员的视野和思路，在提升馆员个人素养和服务能力的同时为公共图书馆事业的发展注入了新的活力和动力。

（七）与其他公益组织合作

为了更好地实现自身的发展目标并获得更长效的发展动力，杭州市图书馆事业基金会积极与其他公益组织合作，共同资助、支持公共图书馆事业的发展。比如与美国健华社达成合作，为杭州市建德、淳安等地提供了援助资金，帮助其建立基层图书馆（室）；与浙江省锦麟公益基金会合作，资助杭州市淳安县枫树岭小学建设项目；与浙江千训爱心慈善基金会、杭州市关心下一代基金会合作开展"温暖阅读"项目等。

四、基金会资助项目案例

（一）支持杭州市基层图书馆建设：对基层图书馆工作者进行表彰奖励

杭州市图书馆事业基金会在对杭州市基层图书馆进行多次深入走访调查发现，基础设施及管理队伍的薄弱是阻碍基层图书馆发展的重要原因。近年来，图书馆事业普遍看重的是场馆等基础设施建设，而起到主导作用的"人"在基层图书馆建设中的地位和需求却没有被重视，因此在缺乏公共财政投入的情况下，全国基层图书馆都面临相同问题：缺乏具有责任心和专业素养的管理员。图书馆管理队伍的完善和稳定成为真正决定基层图书馆困窘现状的关键。而杭州市基层图书馆中有一些不计个人得失、不计报酬，仅仅因为热爱图书馆事业而兢兢业业坚守在基层的图书馆工作者却凭一己之力使当地的图书馆焕发了生机。比如，建德新叶村年逾古稀的退休教师；临安白沙村放弃晋升机会而选择留在图书馆的年轻大学生村官；桐庐生活困难却甘愿在收入微薄的爱莲书社做图书管理员的村民；等等。他们的事迹感动着当地的普通民众，也让基金会看到了基层图书馆发展的希望。

因此，为将优秀图书馆基层工作者的事迹推广开来，全面激发基层图书馆工作者的工作热情，杭州市图书馆事业基金会决定对优秀的杭州市基层图书馆工作者进行奖励。首先由基金会秘书处拟定奖励的执行时间、步骤、要求、细则、经费预算等，报基金会领导研究决定并审批，然后下发活动通知，在回收完评选表格后，由理事会成员组成评审组审查推荐人员资格，并表决确定最终获选人员，最后召开颁奖大会进行表彰。2007年、2008年两年，基金会共对216家基层服务点进行奖励，表彰先进，树立典型，起到了很好的模范作用。从2009年起，基金会总结了前期经验，制定并逐步完善了《杭州市公共图书馆事业优秀工作者奖励暂行办法》及细则，拨专项经费开展"杭州市图书馆事业基金会优秀工作人员评选"活动。活动开展至今，共表彰奖励了近千名在图书馆岗位上做出突出业绩的工作者，这在一定程度上提升了基层图书馆管理队伍的积极性，为公共图书馆事业建设中的缺陷进行了补位，推动了城乡公共图书馆的全面均衡发展。

图 6-1　2011 年杭州市图书馆事业基金会对基层图书馆工作者进行表彰

（二）支持贫困地区图书馆建设：支援甘肃省通渭县图书馆开设美术资料阅览室

通渭县位于甘肃省东南部，总面积 2912.97 平方公里，人口 46.5 万，水土贫瘠，自然条件比较恶劣，经济相对落后，是甘肃省的国家级贫困县之一。但是通渭县书画文化兴盛，当地居民崇尚书画之风，书画交流集散活动兴隆，藏家商贾云集，书画名家荟萃，书画产业欣欣向荣，1993 年成为文化部首批命名的 6 个"中国书画艺术之乡"之一。全县以书画为主的经营性店铺遍布城乡，据统计全县共有画廊和装裱店 620 余家，其中城区416 家、乡镇 68 家、在外开办 34 家、农村家庭装裱店 102 家，全县年装裱书画作品 10 万余件。先后有王蒙、贾平凹等 270 多位国家级文学、书画艺术大师来通渭采风交流，讲学献艺，交流作品 2330 件。目前，通渭有中国美协会员 3 人、中国书协会员 37 人，全县有习字练画人员 3 万多人，有县级以上协会的创作骨干3400多人。习字作画的优秀农民书画家不断涌现，农民书画队伍不断壮大。同时，浓厚的艺术气氛促进了艺术教育的发展。各中、小学校普遍开设书法美术课。县书画院聘请了70多名国家级书画名家担任名誉院（校）长或客座教授，对县内艺术爱好者开展专业培训和学术讲座。在每年的高考中通渭县美术类考生年均被各大专院校录取达350人左右，占全县总录取考生人数的31%。

为了支援通渭县的文化建设，在充分考虑了通渭县的地方特色和文化基础后，杭州市图书馆事业基金会决定为通渭县图书馆创办一个美术资料室，并计划每年援赠4万元的书画艺术类图书，争取在通渭建成全国县级馆美术资料藏量最大的阅览室。

2007年11月，杭州市图书馆事业基金会援赠第一批图书，共1447种1520册，价值6万余元，所有图书均为书画艺术类图书，以美术资料类理论、工具书及各种碑帖、画册为主。通渭县图书馆将赠书进行编目，并专门将一间面积50平方米的书库作为美术资料库，于2008年1月20日正式开始对外借阅。2008年5月，杭州市图书馆事业基金会援赠第二批图书，共885种1384册，价值4万余元。这批图书囊括了全国各大专院校美术学院的所有美术类考生的考前辅导资料，引发了通渭县美术专业考生的极大热情。通渭县图书馆为此将"美术资料库"更名为"杭州市图书馆事业基金会美术资料阅览室"，并另辟一间面积120平方米的房间作为阅览室的新空间，集借、阅、存为一体。2012年12月25日杭州市图书馆事业基金会援赠第三批图书，共1120册，价值3万余元。2013年10月3日杭州市图书馆事业基金会援赠第四批图书，共742种4213册，价值12万余元。通过四次援赠，美术资料阅览室藏书已达到8000余册，价值25万余元。

图 6-2 通渭县图书馆美术资料阅览室

通渭县图书馆美术资料阅览室建成之后，杭州市图书馆事业基金会帮助其进行了各种宣传活动：一是制作了一期"杭州市图书馆事业基金会在通渭创办美术资料阅览室"的专题片，在通渭县电视台进行播放；二是在通渭县图书馆内显著位置，制作"杭州市图书馆事业基金会美术资料阅览室"宣传牌，详细地介绍杭州市图书馆事业基金会在通渭创办阅览室的情况和阅览室现存图书资料；三是印刷"美术资料阅览室简介"宣传单500份，在城乡各学校和美术高考培训点发放；四是为美术阅览室图书编制考前美术辅导资料书目，在县各美术培训点张贴；五是邀请通渭县农民书画家来杭州图书馆举办展览。通过大力的宣传，美术阅览室的读者逐渐增多，也带动其他阅览室的读者数量的提升。

图 6-3　基金会支持的通渭农民书画艺术杭州展

为进一步提高资金和图书的利用效率，确保所配置图书符合读者需求，杭州市图书馆事业基金会还多次委派理事朱明先生前往通渭县图书馆进行考察和指导。他不但调查读者对所赠图书的借阅情况，还走访县书画爱好者，调查所需图书类型，并对今后图书的配置提出建设性的建议。

通渭县图书馆美术资料阅览室自建成开放以来，受到读者、政府和社会各界的肯定和好评，社会效益明显。阅览室年均接待读者量超过1万人次，年均外借量近8000册次，是通渭县图书馆最受欢迎的阅览室之一。其中素描、水彩、水粉及版画的理论和技法类图书，中国书法的理论和技法、碑帖书法作品、篆刻治印类图书，以及中国画理论、中国画册、中国画技法类图书都是非常受读者喜欢的图书。通渭县政府对杭州市图书馆事业基金会资助创办的通渭县图书馆美术资料阅览室也给予了充分的肯定，《定西日报》专门刊发的《杭州市图书馆事业基金会在通渭创办的美术资料阅览室受欢迎》报道，被甘肃新闻网、定西市人民政府网、中国图书馆网等网站广泛转载。

（三）支持阅读推广活动："西湖诗会"活动

西湖诗会暨第六届杭州学习节是杭州市图书馆事业基金会深度参与的一次大型的全城阅读推广活动。该活动由中宣部、中国作协等单位的指导，杭州市委宣传部、杭州市图书馆事业基金会统筹领导，杭州日报报业集团、杭州图书馆等多家单位合作举办。西湖诗会紧扣"喜迎G20诗话西湖"的主题，着眼讲好杭州故事，弘扬诗歌文化，传播文化正能量，通过开展多个系列的活动，提倡全民阅读，用诗歌丰富城市文化内涵，在全市上下形成"人人皆学、处处能学、时时可学"的良好氛围。诗会的主要活动包括：

举办西湖诗歌散文征集大赛，向全球发出投稿邀请。在为期三个月的时间里，共收到全球诗人、诗歌及文学爱好者饱含对西湖、对杭州的热爱与赞美的原创投稿作品11 800余篇，参赛作者6000余人。通过公众网络评选和专业评审，大赛最终产生一等奖、二等奖、三等奖以及优秀奖等近60篇有情怀和感染力，并经得起时间检验的作品。

举办"喜迎G20诗话西湖"和"回眸G20诗话西湖"两场大型的诗歌朗诵会。邀请文学社团代表、在杭的外籍人士代表，诗歌文学爱好者、市民代表以及中外著名诗人、名家、参赛作者等各界代表，共同朗诵关于西湖、杭州和世界的作品，放大活动效应。

设计制作诗歌衍生产品，推广杭州文化。组委会通过出版讴歌西湖的优秀诗歌作品以及部分获奖作品，设计制作了富含杭州元素和诗歌元素的书签、明信片、丝绸等一系列衍生精品，大力支持诗歌作品创作推广。

以诗歌文化为着力点开展区县联动的全城阅读活动。杭州市坚持"政府推动、社会参与、全民共享"的原则，充分整合本地学习资源，建成包括悦学体验点、漂流书亭、农家书屋、爱心图书接力站等学习平台3000多个，为市民提供全面的阅读体验。西湖诗会活动期间，市直有关单位，各区、县（市）结合各自特点，开展了各具特色的学习活动，如市文广新局、市民宗局联合主办的"家乡美、中国情——多民族作家诗歌朗诵会"，西湖区的"西湖交享阅"等，形成了上下联动交相辉映的诗歌文化合唱声势。

西湖诗会受到了各级媒体的极大关注，中央及省内外媒体、自媒体广泛联动发布专题报道，市级媒体高频率推出大专栏大版面报道，通过官方微信、微博、新闻客户端等向数千万粉丝定向推送，引起了极大的社会反响。诗会活动为促进杭州全民阅读，营造G20峰会在杭州召开的文化氛围做出了积极贡献，也体现了公共图书馆事业基金会在城市文化建设中的作用。

图6-4 基金会支持的"诗话西湖"活动

第七章　杭州图书馆与社会力量合作开展
主题分馆建设

　　主题图书馆是通过特定领域（某一领域或数领域）的专藏和服务来满足人们对专类知识和专门主题信息需求的图书馆[①]。在公共图书馆服务体系中，主题图书馆因其馆藏和服务的特殊性有着重要且不可替代的作用。在图书馆事业较为发达的欧美国家，有着众多主题图书馆建设的成功案例，纽约公共图书馆系统中就有表演艺术图书馆、黑人文化图书馆、人文和社会科学图书馆、工商图书馆4个主题图书馆。我国各地也有一些主题图书馆建设的探索和实践，比如温州的服装图书馆、东莞的动漫图书馆、佛山的金属图书馆、深圳市盐田区的海洋图书馆等。其中，杭州图书馆的主题图书馆建设，可以说是起步较早、规模较大、比较有代表性的。从2006年到2017年底，杭州图书馆先后建成了印学分馆、盲文分馆、音乐分馆、棋院分馆、佛学分馆、生活主题分馆、科技分馆、电影分馆、运动分馆、环保分馆、东洲国际港分馆、城市学分馆、江南健康主题分馆、自然分馆、南宋序集（艺术）分馆、宪法和法律分馆等16家主题图书馆，已经形成了一定的规模体系。这些主题分馆各具特色，专业服务水平不断提升，呈现出了良好的发展势头和服务效益。

---

　　① 　王世伟. 主题图书馆述略［J］. 山东图书馆学刊, 2009（4）:36–38.

杭州图书馆主题分馆建设中呈现出的一个显著特点是社会力量的广泛参与。与综合性图书馆相比，主题图书馆的专业特征更加明显，公共图书馆要开展主题分馆建设，面临的困难也会更多，或者是对相关主题领域的了解不够深入，或者是经费、场地等资源的限制，等等。因此，公共图书馆在开展主题分馆建设的过程中，尤其需要与社会力量合作，引入社会资源，弥补公共图书馆的不足，在专业上形成互补。杭州图书馆主题分馆的发展过程就很好地印证了这一点。社会力量参与杭州图书馆主题分馆的建设、运营管理和服务，丰富了杭州市公共图书馆服务体系的资源配置和服务业态，完善了体系架构，已经成为服务体系拓展提升的重要力量。

一、与社会力量合作开办主题分馆

在杭州图书馆开办的所有主题分馆中，音乐分馆、电影分馆这两个位于钱江新城中心馆内的馆中馆，以及在浣纱老馆基础上改造而成的生活主题分馆，这三个馆基本属于自建的范畴，此外其他主题分馆都是通过社会合作的方式开办起来的。主题分馆的合作对象也非常多样化：有基金会支持的佛学和自然分馆，有区政府委托管理的科技分馆，有与政府机构或是其下设的事业单位合作的盲文、棋院、宪法和法律、城市学分馆，也有大量的与国有企业以及民营企业合作的主题分馆。这些主题分馆建馆方式灵活多样，通过使用合作方或资金、或场地、或人员、或设备等各种资源，有效实现了资源互补，拓宽了公共图书馆的服务范围和服务空间。具体来说：

佛学分馆是受杭州市图书馆事业基金会资助建立的，旨在弘扬和传承佛学文化和杭州地方传统文化；自然分馆是杭州图书馆受阿里巴巴公益基金资助在杭州植物园内设立的分馆，旨在激发自然保护意识，倡导自然生活理念；科技分馆是杭州市滨江区政府委托给杭州图书馆管理的一家区级图书馆，其定位既是一家以面向市民的科学知识普及和面向企业的科技咨询服务为特点的主题图书馆，又是滨江区的区级图书馆；印学分馆是杭州图书馆与西泠印社合作以印学文献的收藏、借阅以及印学研究为特色的主题图书馆；盲文分馆是杭州图书馆与浙江省盲人学校合作，设在盲人学校内，面向全省盲人和弱视人群服务的主题图书馆；棋院分馆是杭州图书馆和中国棋院杭州分院合作，选址在中国棋院杭州分院所在的天元大厦，以棋文化为主题的图书馆；城市学分馆是杭州图书馆与杭州国际城市学研究中心共建，设在杭州国际城市学研究中心大楼内，旨在为城市学研究和城市治理提供智库保障的以城市学为主题的图书馆；宪法和法律分馆是杭州图书馆与杭州"五四宪法"历史资料陈列馆合作，集宪法和法律类图书收藏、阅览以及报告厅功能于一体的主题图书馆；运动分馆是杭州图书馆与西溪八方城房产开发公司合作，选址在公司开发的房产项目八方城内，以和运动相关的文献收藏借阅及运动项目的体验为特色的主题图书馆；环保分馆是杭州图书馆与杭州市环境集团有限公司共同打造，围绕环保主题，提供专业的环保信息咨询、环保服务预约以及多种环保互动体验活动的图书馆；东洲国际港分馆是杭州图书馆与杭州东洲内河国际港有限公司合作，设在位于富阳三江（富春江、浦阳江、钱塘江）交汇处东洲岛内河码头畔的东洲国际港办公大楼内，以航海、物流水运、跨境电商类文献为主要收藏的图书馆；南宋序集（艺术）分馆是杭州图书馆与《都市快报》合作，设在南宋御街，以文化创意为核心的图书馆；江南健康主题分馆是杭州图书馆和江南养生文化村开发有限公司合作，选址在浙江省首个健康小镇核心项目江南养生文化村内，以中医医疗、养生、健康管理等为主题的图书馆。表7-1列出了杭州图书馆各个主题分馆的成立时间、合作方式及合作方。

表 7-1　杭州图书馆与社会力量合作开办主题分馆情况列表

名称	成立时间	管理体制	合作方式	合作方
音乐分馆	2008	自建		
生活主题分馆	2013	自建		
电影分馆	2015	自建		
佛学分馆	2012	共建	基金会资助	杭州市图书馆事业基金会
自然分馆	2017	共建		阿里巴巴公益基金、杭州植物园
科技分馆	2015	托管	区政府委托管理	杭州市滨江区社会发展局
印学分馆	2006	共建	与政府机构或其下设的事业单位合作	西泠印社
盲文分馆	2007	共建		浙江省盲人学校
棋院分馆	2008	共建		中国棋院杭州分院
城市学分馆	2017	共建		杭州国际城市学研究中心
宪法和法律分馆	2017	共建		杭州"五四宪法"历史资料陈列馆
运动分馆	2015	共建	与企业合作	西溪八方城房产开发公司
环保分馆	2016	共建		杭州市环境集团有限公司
东洲国际港分馆	2016	共建		杭州东洲内河国际港有限公司
南宋序集（艺术）分馆	2017	共建		都市快报
江南健康主题分馆	2017	共建		江南养生文化村开发有限公司

二、与社会力量合作开展主题活动

充分利用社会力量的资金、场地、设备、人员等资源开展公共文化活动已经成为各地公共图书馆的常态。对于主题图书馆来说，因为主题活动的专业性更加明显，不管是从活动开展所需要的资源还是馆员个人的专业能力上来说，公共图书馆的欠缺可能也会更加明显，更需要寻求社会力量的合作，才能把主题活动更好地开展起来。因此，在与社会力量合作开办主题分馆的同时，杭州图书馆各主题分馆也积极地与各种专业机构和专业人士合作，开展各类主题活动，在提高活动质量的同时也为各主题分馆的主题活动注入可持续发展的动力和不断创新的活力。以佛学分馆、运动分馆和科技分馆的主题活动开展情况为例：

（一）佛学分馆——学者领航的天竺书香

佛学分馆主题活动的开展，离不开学者的关注和支持。

佛学分馆将自己的主题活动定位为"天竺书香"。这一品牌名称的确立，就是众多专家学者智慧的结晶。在佛学分馆开放后不久，浙江大学传媒与国际文化学院副院长李杰教授、浙江大学传媒与国际文化学院刘云教授、浙江大学人文学院哲学系张家成教授、中国计量学院人文社科学院院长邱高兴教授等一批对中国传统文化和杭州地方文化以及佛学文化有着深入研究的学者来到佛学分馆。他们非常欣赏佛学分馆致力于弘扬和传承佛学文化和杭州地方文化的精神，也非常喜欢佛学分馆的环境氛围，希望可以为佛学分馆、为弘扬中国传统文化做些什么，让更多的人可以看到、分享这个清心静心的地方，并且有所收获。于是，在一次次的思想碰撞中，"天竺书香"应运而生。佛法东传之后，灵隐一带的山由武林山更名为天竺山，亦有路随之而称为天竺路。"书香"源于为防虫蛀而用芸香草对图书的保藏，后来亦指油墨香，被引申为人们对知识、文风、审美与精神的尊崇。"天竺书香"这一名称，既指佛学分馆的场所位于上天竺之地，又指佛学分馆是一个藏书之所，还将其内涵与佛学文化联系在一起，融诸寓意于一体。

2013年3月，"天竺书香"正式开市，教授们担任了大部分文化系列讲座的主讲：由浙江大学张家成教授主讲"东南佛国系列"，由中国计量学院邱高兴教授主讲"家训文化系列",由天钟禅院道法法师(出家前为浙江工商大学教授)主讲"心病还需心药医之佛教心理学漫谈",由杭州师范大学黄公元教授主讲"杭州高僧系列",由浙江大学李杰教授主讲"佛文化电影研讨系列",等等。之后佛学分馆又与上虞多宝讲寺的多宝图书馆合作,邀请法师来佛学分馆开设"佛教文化分享与交流"讲座。开馆至今,佛学分馆共组织文化讲座近200场,由学者们领航的文化讲座让天竺路上的书香飘杭城,也让市民们对古老的佛学文化和杭州的城市文化内涵有了新的体会。

图7-1 "天竺书香"系列讲座

(二)运动分馆——专业机构充分参与的体验式活动

各种运动项目的体验活动是运动分馆的一大特色,所有的这些活动都是在与专业运动机构合作的基础上开展起来的。

一是设立馆内体验点。运动分馆和杭州名仕远景高尔夫俱乐部、杭州钱塘弓社射箭俱乐部、杭州哈玛尼斯家庭健身俱乐部三家运动机构合作。他们分别向运动分馆捐赠了价值20余万元的室内高尔夫模拟器、价值3万元的箭道设备和价值2万元的InBody体测仪，并在馆内设立了高尔夫、射箭两个体验区及健身运动体测体验区。选择高尔夫和射箭这两个项目是取中西合璧、古今交融之意。读者可以在体验区免费体验活动项目，图书馆还会不定期地邀请持证专业教练现场指导，新颖的活动模式深受读者喜爱。

二是设立馆外体验点。为了扩大体验活动的范围，让更多的人可以参与运动体验，运动分馆与社会运动场馆合作，建立运动分馆"馆外体验点"，统一标识、统一挂牌、统一服务，目前在杭州不同城区已建有咏春拳馆、击剑馆、滑翔伞基地等15家馆外体验点，为读者提供各种运动项目的免费体验，同时体验点还会根据运动分馆的需要协助组织开展公益性主题活动。

体验活动让图书馆的服务更加活泼有趣，非常受读者的欢迎，而与专业运动机构的合作既增加了图书馆服务的专业性，也拓宽了图书馆的服务空间，为图书馆带来流量的同时也为运动机构带来了更多的流量，是多边共赢的良好合作。

图 7–2　运动分馆给馆外体验点授牌

（三）科技分馆——多方合作的创客节

杭州市滨江区是杭州市乃至浙江省的创新创业集聚区，是浙江省最重要的科技成果产业化基地、技术创新示范基地、创新型人才培养基地和海外高层次人才创新创业基地。杭州图书馆科技分馆（暨滨江区图书馆）建成之后，充分利用滨江区作为创新创业集聚区的优势，开设了杭州市公共图书馆的第一家创客空间，而举办杭州市"创客节"就是科技分馆推动创客文化的创新精神，面向市民和青少年开展科学普及的一项重要活动。

图 7-3　第一届"创客节"现场

杭州市"创客节"定位为公益性质的大型创客展演活动，通过设置"创客嘉年华"展示、青少年创客大赛、创客论坛等内容，以分享、互动、展演的形式，引导和激发中小学生的创新意识与创造热情，吸引广大市民参与，培育大众的创客文化。第一届"创客节"于2017年9月举行，由杭州图书馆科技分馆、杭州市科协、杭州摩图科技有限公司共同发起，是国内首次由公共图书馆牵头举办的创客类大型活动。5万多名创客教育专家、专业创客、中小学校长名师以及社会各界热爱创客文化的人士共聚一堂，交流创客教育经验，为培养中小学生的创客精神、培育创客文化出谋划策。科技分馆牵头举办的杭州市"创客节"通过图书馆与社会各界、多种社会机构的合作，盘活了各种社会资源，为本土创客组织搭建了一个交流、体验、展示的平台，可以说是新时代"图书馆里的创造力"的集中展现。

三、社会力量参与主题分馆运营管理

杭州图书馆工作人员的数量是有限的，不可能每个主题分馆都派驻工作人员，即使是派驻了工作人员，其数量和维护分馆日常运行管理需要的人员数量也有相当的差距。此外，主题分馆的主题特点使得图书馆很难找到在专业领域完全符合需求的图书馆员。因此，在主题分馆的人员配置方面，不管是工作人员的数量还是工作人员的专业性都是一大挑战。为了解决这一问题，杭州图书馆在各主题分馆的日常运营管理中积极引导社会力量参与，既弥补图书馆在人员上的不足，也保障了服务的专业性、稳定性和长期性。具体来说，社会力量参与杭州图书馆主题分馆运营管理主要有以下几种方式：

（一）吸收合作单位员工参与主题分馆运营管理

在杭州图书馆建成的主题分馆中，有不少分馆是完全借助合作单位的力量进行日常运行管理的，杭州图书馆只提供业务指导服务，如自然分馆、棋院分馆、宪法和法律分馆、东洲国际港分馆、南宋序集（艺术）分馆、江南健康分馆等。

以东洲国际港分馆为例，东洲国际港分馆没有配备专职的杭州图书馆工作人员，为了保障分馆的日常服务，在杭州图书馆的指导下，东洲

国际港集团团总支组建了一支由青年团员组成的图书馆服务队。图书馆服务队每月进行排班，保证每个工作日的中午（东洲国际港分馆开馆时间）都有队员到图书馆开展服务。杭州图书馆负责对图书馆服务队的队员们进行岗前培训和业务辅导，队员们义务进行图书上架、整理、借阅和咨询服务等工作，定期策划并组织召开各类文化活动。他们在工作过程中与杭州图书馆负责主题分馆建设的部门保持密切联系，建立了顺畅的沟通机制，及时解决相关问题，通过这样的方式保障了东洲国际港分馆的正常运行。

（二）发展志愿者队伍参与主题分馆运营管理

杭州图书馆的许多主题分馆都建立了拥有众多固定和临时志愿者的志愿团队，在主题分馆的日常运营管理中发挥了重要的作用。

杭州图书馆环保分馆从筹建伊始就发起"招贤纳士"运动，面向社会招募热爱环保和公益事业的市民加入环保分馆的志愿者队伍。通过筛选，分馆最后选出首批40名志愿者进行岗前培训，集中学习图书借还、预约、分类、整理、上架、读者咨询、导读、问题图书处理、读者活动等业务知识，以便志愿者们在环保分馆开馆后能为读者提供较为全面专业的服务。目前，环保分馆的注册志愿者已达200余人，他们承担了环保分馆大量的日常管理工作。环保分馆也制定有比较完善的志愿者管理制度，志愿者分为日常管理组和活动组，活动组还细分了主持岗、公益老师岗、活动实施岗等岗位，每天都设有志愿者负责人，将工作落实到个人，有效地保障了环保分馆各项服务工作的顺利开展。所以，杭州图书馆虽然只为环保分馆配备了一名专职的工作人员，但环保分馆的服务同样能有条不紊地开展，志愿者在其中发挥了主力作用。

运动分馆的情况也很类似。运动分馆目前只配备有两名杭州图书馆工作人员，对于运动分馆大量的日常业务工作来说是远远不够的。因此，分馆积极借助志愿者的力量促进自身发展。运动分馆的志愿者队伍分为普通志愿者、专业志愿者两类。其中普通志愿者协助日常书籍的整理、读者咨询解答、服务区域的管理等工作；专业志愿者队伍则由馆外体验点的负责人及资深教练为主要成员，协助开展体验活动、公开课及主题活动等。

图 7-4　环保分馆的志愿者

（三）通过社团的方式鼓励市民的自我管理、自我服务

杭州图书馆主题分馆通过成立文化社团等方式搭建市民文化平台，让读者直接参与到公共文化活动中，自我管理，自我服务。比如佛学分馆的"天竺茶社"、生活主题分馆的"咏秋社"、电影分馆的"市民剧社"、棋院分馆的"棋友社"，等等。其中最有代表性的是杭州图书馆音乐分馆组建的杭州市民合唱学院。

杭州市民合唱学院成立于2010年10月，最初名为"杭州市民合唱团"，

2017年扩建之后改为现名。它是一个纯公益性的社会合唱团体，设有精品演出团、合唱指挥师资团、合唱普及团、少儿团、阿卡贝拉人声乐团等分团，是国内第一个体系化的以合唱为手段，推广与提升全民音乐素养的社会团体。市民合唱学院有团员近400人，如此庞大的团队，基本上依靠团员的自主管理完成。市民合唱学院实行团员委员会自主管理和图书馆监督管理相结合的民主集中管理方法。团员委员会人员构成以团员代表为主，负责学院及下设各团日常工作的开展。目前，学院下设财务组、后勤组、宣传秘书组和资产管理组，他们对整个学院的事务进行统筹和细化。各分团则根据各团的人员数量和业务特点来决定团长、行政声部长、业务声部长以及内勤内务人员的人选。比如团员总数在60人以上的团内管理人员总数就需要9—11人，而团员人数较少的则只设一名团长就可以。合唱团的每一次排练、演出，都需要有大量的准备工作。所有的流程制定、外联统筹、现场服务等工作都是由团员委员会自上而下、层层分工、有条不紊地分配并执行的，真正实现了"市民管理市民，市民服务市民，市民宣传市民"的队伍建设模式。

图 7-5　杭州市民合唱学院开学典礼

四、主题分馆建设案例

（一）直接管理：音乐分馆、生活主题分馆、电影分馆

1.音乐分馆——总有一种声音打动你

音乐图书馆是国际上一种重要的主题图书馆类型，在音乐文献资源的收集、保存、管理以及面向市民的音乐普及、娱乐休闲、教育培训等方面发挥着重要的作用。在杭州打造音乐之城的背景下，杭州图书馆参照国外经验，开始着手筹建全国公共图书馆界第一个以音乐为主题的图书馆——音乐图书馆。这一创新之举，从提出之初就得到了政府层面的关注和重视，在硬件设施、文献采购以及人才配备等方面都给予了大力支持。2008年9月30日，杭州图书馆音乐分馆作为馆中馆与杭州图书馆钱江新城新馆同步对公众开放。

音乐分馆位于杭州图书馆钱江新城馆（中心馆）北二楼，面积约1100平方米。分两大区域：一是高保真视听区，设有三个Hi-Fi音乐室，五套专业音响设备；二是集听音区、视听区、阅览区等功能为一体的自助服务区，区域内有170余个座位，配备台式CD播放器、液晶电视和DVD播放器、电脑及配套的监听式耳机，一台103寸松下高清等离子电视及相关播放设备。音乐分馆收藏有5000余种CD、DVD及蓝光光盘，涵盖各种音乐类型；另有音乐类文献、中外文音乐类杂志等50余种近3000册。

除了为读者免费提供阅读、视听、音乐制作、音乐研究等基本服务外，音乐分馆还定期开展音乐赏析、讲座、音乐会、沙龙等多种形式的文化活动，主动融入"音乐之城"建设，以"通俗音乐经典化、古典音乐流行化、民族音乐国际化"的精准定位，酝酿出了"总有一种声音打动你"这个服务品牌。在活动开展过程中，分馆积极与中央音乐学院、上海音乐学院、浙江音乐学院等高校的专家学者，浙江交响乐团、杭州爱乐乐团等专业音乐

团体，琴行等民间音乐培训机构，电台等音乐传播机构合作，通过不断向社会输出各种形式的声音艺术，让不同的受众在音乐分馆里都能找到自己想要听的音乐和喜欢的活动。

音乐分馆还成功组建了多支高水平的市民合唱团队。创建于2010年10月的杭州市民合唱学院是国内公共图书馆界第一个体系化的以合唱为手段，推广与提升全民音乐素养的社会团体。近400人的合唱团队，基本上依靠团员的自主管理完成，是市民自主参与、自我管理、自我服务模式的成功典范。市民合唱学院屡获殊荣，文化部"永远的辉煌"全国老年合唱节"闽江杯"第一名、匈牙利柯达伊国际合唱节金奖、第十二届中国国际合唱节金奖冠军等国内外众多奖项不断刷新着浙江省群文合唱的最高纪录，已经逐步迈入国内知名合唱团队的行列。

图 7-6　位于杭州图书馆中心馆北二楼的音乐分馆

2.生活主题分馆——生活的艺术，艺术的生活

杭州图书馆生活主题分馆是在杭州图书馆原浣纱老馆的基础上改造而成的。早在2007年，杭州市政府就提出打造"东方休闲之都，生活品质之城"的城市品牌发展战略。杭州图书馆为了助力城市建设，同时满足市民需求，借新馆落成老馆装修的契机，提出建设一座关于"城市生活"的主题分馆的构想。2013年，生活主题分馆改造之后正式开放。

生活主题分馆地处市中心，毗邻西湖，周边人流密集。建筑面积3375.46平方米，阅览座位共计569席，由主楼和附楼组成，主楼四层，附楼为城市书房，开放时间为6:00—24:00。馆藏各类文献资源15万册，主题文献聚焦生活休闲、建筑装饰、旅游摄影和养生文化四大板块，另有部分生活知识类多媒体影音资料。

生活主题分馆以"生活的艺术，艺术的生活"为服务口号，针对不同的年龄、背景、职业、性别的用户推出了时尚生活、闲趣生活、健康生活、美食生活四大板块的主题活动，涵盖衣、食、住、行等各个方面。活动开展过程中的一个重要特点是广泛借助"读者"的力量，不断挖掘和招募身边的"民间达人"，组建了一支接地气的"草根讲师团"。他们是一群具有一技之长并愿意与其他人分享知识和快乐的"生活达人"，他们定期来生活主题馆分享生活体验，传授生活知识和技能，传递生活正能量，并且不断培养其他人成为新的"生活达人"，从而使得草根讲师团可以一直持续发展。生活主题分馆开展的活动一度达到每年近300场，参与人次累计达10万，接地气的知识传播方式受到市民的极大欢迎，生活主题分馆也因此荣获了"年度最具品质体验点""年度金城标奖""最具影响力阅读空间"等各种荣誉，成为杭城最有影响力的阅读空间之一。

图 7-7　一对新人在生活主题分馆拍摄婚纱照

3.电影分馆——影像中的世界

杭州图书馆电影分馆是除了音乐分馆之外的另一家设立在杭州图书馆中心馆之内的主题图书馆，2015年11月开馆，是我国公共图书馆界首家以电影为主题的特色分馆。

电影分馆收藏了1.4万余册电影主题图书，近5000部的影碟资料，提供图书阅览、观影、电影文化普及、读者分享会等服务和活动。电影分馆原本设在杭州图书馆地下一层，2017年进行了一次调整，迁址杭州图书馆二楼音乐分馆旁边的区域，一些观影场地都可以与音乐分馆共用。电影分馆除了周一闭馆，周二至周日每天都有观影活动，周末的精品赏析活动还会有馆员对电影进行专门的讲解。除了在馆内开展电影放映和鉴赏活动外，电影分馆还尝试让电影走出去，在杭州山缘老人公寓设置馆外电影放映点，这也是电影分馆尝试参与文化养老的一次实践。在2016年杭州G20峰会期间，电影分馆也特别策划了30多场"影像中的G20"系列活动，介绍各国的优秀电影，受到了很多市民的欢迎，反响良好。电影分馆还成立了群众表演艺术团体——市民剧社，剧社通过对社员进行表演培训、鼓励社员自创剧本、指导排练等方式为热爱表演艺术的市民搭建了一个提升和展示的平台。

图 7-8　位于杭州图书馆中心馆北二楼的电影分馆阅览区

（二）基金会资助：佛学分馆、自然分馆

1.佛学分馆——充满东方风韵的"最美读书地"

杭州素有"东南佛国"之称，与佛教文化有着非常密切的关系。基于弘扬佛学文化、推动佛学研究、挖掘杭州地方文化的目的，杭州图书馆有了创建佛学分馆的设想。佛学分馆选址在西湖灵隐景区天竺路317号，原是一处处于荒废状态的大礼堂，归属杭州市园林文物局灵隐管理处。经上级部门同意，杭州图书馆向杭州市园林文物局灵隐管理处租借该处来修建佛学分馆。馆舍的装修总经费约200余万元，其中100万由杭州市图书馆事业基金会出资，其余费用由政府支持；每年产生的房屋租赁费用由市财政予以支持，租赁期间产生的税费由西泠拍卖行承担。

2012年5月1日，杭州图书馆佛学分馆正式建成开放。馆舍面积400多平方米，具有典型的江南民居风格，装修偏中式，仿古木制书架，木制高屋顶，博古架，搭配各种绿植，古色古香又不失灵动，有着东方的拙朴韵味。不管是自然景观还是人文氛围，佛学分馆都与周围的环境融为一体，让人有世外桃源之感，被众多网友誉为"最美读书地"。

图7-9　佛学分馆大门

佛学分馆藏书近2万册，有佛教经典、学术文集，也有佛教艺术、禅茶、素食等佛学文化类图书，可满足不同读者的需求。文献除常规采购外，更有学者、读者的捐赠和荐购，如佛学分馆是"人间佛教丛书"阅览点，收藏佛光山赠送的星云大师著作及人间佛教相关论文集等。

在开展活动方面，佛学分馆有学者领航的佛学文化讲座，包括"东南佛国系列""家训文化系列""心病还需心药医之佛教心理学漫谈系列""杭州高僧系列""佛文化电影研讨系列"等，合作对象有浙江大学、浙江工商大学、杭州师范大学等高校，上虞多宝讲寺、上天竺法喜寺、三天竺法镜寺、净慈寺等寺院，以及西湖文化研究会、杭州福泉文化创意有限公司等单位。此外还开展有体验式的书画沙龙活动和天竺茶社活动，搭建平台鼓励读者交流书画技艺、金石知识，切磋茶艺；以及利用自己的场地开展一些小而雅的展览活动等。

2.自然分馆——在自然中感受阅读带来的美好快乐

杭州图书馆自然分馆坐落于杭州植物园，2017年4月21日建成开放。馆舍面积30多平方米，拥有图书1800余册，其中包括少儿版的《昆虫记》、《森林报》、自然绘本以及自然笔记、园艺种植养护等自然类科普读物。除提供图书阅览服务外，自然分馆还提供经验分享交流会以及阅读、手工、冥想等多形式的自然体验活动。

在具体合作上，自然分馆由杭州图书馆、杭州植物园、阿里巴巴公益基金会共同合作，三方各司其职：杭州图书馆提供文献支持和业务指导；阿里巴巴公益基金负责资金支持；杭州植物园负责管理运营。各项业务工作的开展则采用委托第三方桃源里自然中心具体操作的方式。以自然分馆的主题活动开展为例，自然分馆围绕植物、自然等相关主题，面向不同读者群体将活动划分为"乐自然""游自然""学自然""创自然"四大板块，由桃源里自然中心负责活动的策划实施，杭州图书馆负责活动的指导，杭州植物园负责活动的审核和实施过程中的监管。

图 7-10　自然分馆馆舍

（三）政府委托管理：科技分馆

1.科技分馆——科技入民间

杭州图书馆科技分馆既是杭州图书馆的主题分馆，同时也承担着杭州市滨江区区图书馆的职能。滨江区一直没有区图书馆，公共文化服务欠缺，从2014年起，筹建区图书馆就一直是滨江区文化建设的一件大事。滨江区政府鉴于杭州图书馆丰富的管理经验和良好的社会美誉度，本着资源整合、优势互补、协同发展的愿景，将滨江区图书馆委托给杭州图书馆进行专业管理，并以科技服务为主要建设方向。2015年5月28日，双方正式签署合作运营委托协议。2015年12月26日，杭州图书馆科技分馆试开馆，由杭州图书馆输出业务管理团队，由滨江区负责场地等硬件建设和后勤财务管理，聘请剑桥大学博士、浙江工业大学天体物理研究所名誉所长吴忠超先生为名誉馆长，杭州图书馆和滨江区各派副馆长一名，负责日常工作。

科技分馆位于滨江区文化中心内的6—8层，使用面积6500平方米，阅览座位787个。在空间设置上处处体现出科技元素，比如6楼的天文展示区、3D打印区、STEAM创客空间；7楼的成人外借和自修区设有智能书架、电子沙盘等科技设备；8楼设有科技文献专题阅览区、多功能沙龙区、电子阅览区、绿色浙江自然学校特色区域等。

除了基本的借阅服务外，科技分馆突显航空航天、环保、科技咨询与科技体验等主题特色，积极开展面向市民的科学知识普及以及面向企业的科技咨询服务。比如联合浙江电视台、"绿色浙江"环保社团等多家单位联合举办"为地球朗读"活动，于每年4月22日"世界地球日"和4月23日"世界读书日"通过千人共读经典环保著作的形式，呼吁全民阅读、关注环保，关注地球；联合杭州市科协、杭州摩图科技有限公司等单位举办"杭州市创客节"培养青少年的创客精神、培育创客文化；等等。

科技分馆还依托公共图书馆阵地，在滨江高新技术开发区试点建设面向企业员工用户、辐射周边社区居民的"企业书房"，探索"公共文化"与"企业文化"双向互动机制，为打造具有示范引领作用的全国高新区公共文化服务样本奠定了基础。

图7-11　位于滨江区文化中心内的科技分馆

（四）与政府部门及其下设的事业单位合作：盲文分馆、棋院分馆、城市学分馆、宪法和法律分馆

1.盲文分馆——盲人信息交流无障碍平台

杭州图书馆盲文分馆成立于2007年6月，是建立在浙江省盲人学校内、专门为盲人读者服务的主题图书馆。考虑到从实际效果来看，在杭州图书馆中心馆设立盲文书籍阅读专区的效果远远不如将图书馆设在盲人相对集中的区域，于是杭州图书馆和浙江省盲人学校合作，签订合作协议，在学校内建立了面向全省盲人及视障人群服务的盲文分馆。根据协议，杭州图书馆派驻一名工作人员负责管理和培训盲文分馆的工作人员，双方共同出资开展文献资源建设，场地和日常维护费用由盲人学校承担。

盲文分馆现有馆舍面积500平方米，设置阅览、外借、多媒体阅览等区域。收藏有图书、视听资料、音像制品等不同载体形式的盲文图书6000余册，并逐年增加。所有藏书均由杭州图书馆统一分类编目，编印盲人可触摸的目录，建立盲文图书的书目数据库并作为杭州图书馆书目数据资源库的一部分。另有8000余册普通图书供学校的教师使用。同时还配备有视障人士专用电脑、盲文刻印机、盲文点显器、针对视弱人员用的放大器、低幼儿智能玩具等盲人阅读专用设备，以满足不同年龄、不同层次盲人读者的文化需求。盲文分馆还为盲校师生和其他盲人读者举办将阅读课搬到图书馆、观看无障碍电影、自己录制歌曲等文娱活动，为全省的盲人和视障读者提供快速送书上门等服务，已经成为全省最重要的盲人图书馆服务中心。

图 7-12　盲文分馆阅览室

2.棋院分馆——从容谈兵、坐看钱潮

杭州图书馆棋院分馆又名中国围棋图书馆，是由杭州图书馆与中国棋院杭州分院共同主办、共同管理的以棋文化、围棋项目为特色的主题图书馆，2011年10月正式建成开放。棋院分馆位于钱塘江边天元大厦的中国棋院杭州分院内，馆舍面积200余平方米。在空间设计上注重"棋文化"的氛围营造，馆内布局处处体现天圆地方的黑白棋子元素，线条明快的博弈区、古典雅致的书画区，各区域功能清晰、紧密融合。馆藏专业棋类图书逾4000册，期刊、报纸30余种，涵盖中日韩等多国语种（多语种棋类藏书2000多册），其中有数百种围棋古籍。除了自行采购外，棋院分馆还积极发动捐赠，如棋手、作家、资深围棋记者赵之云、许宛云夫妇所藏图书和文物等。此外，还自建有特色围棋信息库，提供围棋讲座视频、围棋棋谱、围棋电子书等多种资源让读者在线学习，提高棋艺。棋院分馆目前有管理人员3名，均由棋院分派，负责日常图书借还服务和各项活动的开展。棋院分馆不仅是棋院文献的保存研究场所，杭州市民享受公共文化服务的便利平台，也已经成为宣传棋文化、代表杭州文化形象的重要窗口。

图 7-13　位于天元大厦的棋院分馆

3.城市学分馆——"开放"的研究型图书馆

城市学分馆是杭州图书馆与杭州国际城市学研究中心（杭州城市研究院）合作开设的以城市和城市学为主题的图书馆。杭州国际城市学研究中心是杭州市委、市政府专门设立的城市学、杭州学研究机构，位于杭州师范大学仓前校区内，大楼面积1.8万平方米。城市学研究中心希望杭州图书馆共同参与大楼内城市学图书馆的建设，在人员与文献资源上提供帮助。杭州图书馆也愿意与城市学研究中心合作开展有关城市和城市学的研究，2017年10月19日，杭州图书馆城市学分馆正式揭牌成立。

城市学分馆不同于一般的图书馆，它的文献资源按照"一层一主题、一室一特色"的原则，分布在城市学研究中心大楼12个楼层的110余个房间中，目前共有总架位4355格，馆藏文献规模13万册，其中杭州图书馆调拨文献近6万册、城市学研究中心自有文献6万余册。功能分区包括开放区、研修阅览区、精品馆藏展示区等，是一座具有学术性、专业性、系统性、兼容性、开放性等特点的城市学主题图书馆。在双方的分工上，杭州国际城市学研究中心负责提供分馆的馆舍设施及相关设备，杭州图书馆向分馆派驻3—4名专业馆员负责分馆的日常运营；人员经费与设施设备维护费分别由派出方和提供方承担。双方每年均向分馆投入一定的购书经费，但所购文献分属出资方资产。

城市学分馆具有明显的研究型图书馆的特点。分馆特设学科馆员，为城市研究中心申报各类国家级课题提供特聘专家学术成果的检索服务。目前，城市学分馆正在积极打造"城市书房"项目。不同于温州等地正在推行的"城市书房"，它的形式是接受全国各地政府捐赠的有关该城市的地方文献，在城市学分馆内开辟专门的房间（或书架）进行收藏，作为该城市在城市学分馆的一个"书房"，希望通过对各地的地方文献收集与展示，进一步加强城市之间的交流与合作，方便各地城市建设者们系统了解不同城市的建设经验，吸引学者到杭州国际城市学研究中心做相关的研究。目前，已与重庆、西安、开封等知名城市及台州、宁波、丽水等浙江省内城市在城市学分馆内建立了16家"城市书房"。

图7-14 城市学分馆的宁波书房

4.宪法和法律分馆——了解宪法法律知识的重要窗口

杭州"五四宪法"历史资料陈列馆是杭州市人大办公厅下属的事业单位，承担"五四宪法"历史资料的征集、保护、展览及宣传教育等工作。为进一步拓展陈列馆作为宪法宣传教育的阵地作用，"五四宪法"历史资料陈列馆与杭州图书馆合作，开办了集藏书、阅览、报告厅于一体的宪法和法律分馆，2017年12月4日正式开放。

宪法和法律分馆位于"五四宪法"历史资料陈列馆栖霞岭馆区，建筑面积400余平方米，馆藏宪法和法律类图书1万余册，涵盖宪法、法学各部门、行政法、财政法、金融法、各国法律等图书门类。馆区内还展示包括1954年《中华人民共和国宪法》、1982年《中华人民共和国宪法》、"五四宪法"部分史料等珍贵文献资料，配备书目检索、自助借还、图书定位等自助服务系统，提供近百个阅览席位，设有报告厅，每月举办一次高规格的"法治大讲堂"。宪法和法律分馆的场地、人员、服务、管理均由"五四宪法"历史资料陈列馆负责，杭州图书馆负责提供业务指导。

图7-15　宪法和法律分馆集藏书、阅览、报告厅为一体的内部设计

（五）与企业合作：运动分馆、环保分馆、东洲国际港分馆、南宋序集（艺术）分馆、江南健康主题分馆

1.运动分馆——动静相宜阅读健体

杭州图书馆运动分馆是一家设立在房地产开发商楼盘里的主题图书馆。2015年初，西溪八方城房产开发公司出于集团发展和回馈社会的初衷，主动联系杭州图书馆，探讨能否合作，在未来科技城建立一个图书馆。当时杭州正在申办2022年亚运会，国务院又刚刚印发了《关于加快发展体育产业促进体育消费的若干意见》，将全民健身上升为国家战略，再加上未来科技城区块聚集了大量的年轻人，运动应该是一个受欢迎的主题。基于这样的考虑，双方决定建立一个以"运动"为主题的分馆。2015年9月19日，在2022年亚运会落户杭州的消息见诸报端后的第三天，杭州图书馆运动主题分馆正式对外开放。

运动分馆馆舍面积1000余平方米，由西溪八方城房产开发公司免费提供，同时全面承担场馆装修、设备设施、日常办公及物业运行等费用。运动分馆集阅读、体验、交流、互动于一体。在空间设计上采取动静分离的形式。一楼以动感设计为主，通过社会化运作，引入杭州名仕远景高尔夫俱乐部、杭州钱塘弓射射箭俱乐部和杭州哈玛尼斯家庭健身俱乐部三家运动专业机构的参与，分别向运动分馆捐赠价值20余万元的室内高尔夫模拟器、价值3万元的箭道设备和价值2万元的InBody体测仪，设立了射箭、高尔夫运动项目的体验区。此外，一楼还设有沙龙交流活动区、主题图书专架及文化展区。大开间软隔断与时尚家具配饰的结合，营造出轻松、休闲、温馨的氛围。二楼为安静的阅读学习区，铺了地毯，以吸音减噪，落地玻璃门窗采光充足，书架则以暖色灯光装饰，整体空间给人以清静平和之感。在运动分馆，读者可在学习之余体验运动的乐趣，也可在运

动之后享受阅读的静谧时光。

运动分馆的文献由杭州图书馆负责提供，在馆藏配置上以体育运动类图书为主，占比50%，辅以国内外文学、历史、人物传记、旅游摄影等文化休闲类图书，同时订购期刊近100种，其中体育运动类期刊40余种。运动分馆的服务呈现"运动＋体验""运动＋阅读""运动＋交流"三大特色，吸引到中国移动"咪咕阅读"与运动分馆共建数字阅读体验区；开创性地跨界、跨行业将社会运动场馆资源纳入运动分馆服务网络中，建有多家"馆外体验点"和"馆外阅读点"。此外，运动分馆还策划了一系列以"阅读遇上运动"为主题的活动，将运动与阅读有机结合，努力实现"身体与灵魂并行"，如"连续21天，日行万步，阅读一本书"打卡大挑战，"阅·动·历史建筑"活动，"读万卷书，行万里路"人文走读活动，等等。

图 7-16　运动分馆的高尔夫体验区

图 7-17　运动分馆的射箭体验区

2.环保分馆——建在"垃圾场"上的图书馆

杭州天子岭静脉小镇原先是杭州市的一个垃圾填埋场，是杭州主城区绝大部分生活垃圾的末端处理场所。杭州市政府计划将其打造成一个以环保产业为核心，集生态文化、工业旅游、科教示范等多种功能于一体的绿色主题小镇。为此，杭州环境集团希望和杭州图书馆合作，在小镇内开设一个以环保为主题的图书馆，作为静脉小镇"人文旅居"的一部分。基于这样的契机，2016年6月5日，杭州图书馆环保分馆正式建成开放。

环保分馆位于天子岭静脉小镇中国垃圾与文化博物馆的一楼，面积约1000平方米，集阅览、体验、活动、会议空间、传播为一体。内部装修强调废物利用，处处体现出环保的概念，比如环保书架、蒲团座椅、废旧杂志做成的大型标志性装置、废旧轮胎制成的花盆等。环保分馆围绕环保主题，提供专业的环保信息咨询、环保服务预约以及多种环保主题的互动体验活动，鼓励更多不同年龄段的市民参与城市环保事业。同时，充分利用杭州市环境集团的各个环保教育宣传点等资源，打造以环保为主题的服务集群，形成了向整座城市传播环保文化、阅读文化、书香文化的辐射作用。

在运作模式上，由杭州市环境集团提供办馆场地和基础设施设备，负责日常运营中的水电、安保等工作。杭州图书馆主要负责文献的筹集与配置，以及与图书馆业务系统相关的设施设备，同时派遣一名工作人员负责分馆的管理和服务开展。分馆的日常运行基本上由志愿者完成，注册志愿者已达200余人。

图 7-18 环保分馆门外由废弃杂志设计的装置艺术

3.东洲国际港分馆——水上图书馆

杭州图书馆东洲国际港分馆由杭州图书馆与杭州东洲内河国际港有限公司合作建设，位于杭州市富阳区东洲岛内河码头的东洲国际港办公大楼内，2016年10月正式开放，馆舍面积400平方米，是以收藏航海类、物流水运类、跨境电商类文献为主，以公司员工、入驻企业、业务伙伴以及驻地社区居民为主要服务对象的主题图书馆。分馆藏书1.6万余册，除了一般的图书借阅服务之外，图书馆还定期开展阅读推广活动，并且将其和企业工会活动、党建活动相结合，既可以将一部分企业活动经费用于图书馆活动，也助推了企业文化建设。东洲国际港分馆从2017年开始开展"水上图书馆"服务，给2条集装箱船授予"东洲国际港水上图书馆"牌匾，为其募集图书，送书上船，并给2位船长颁发图书馆管理员聘书。"水上图书馆"同时在杭州图书馆设立了捐赠点，定期为水上图书馆进行图书资料的补充和更新。

　　在运作模式上，由杭州图书馆配备主题文献，提供杭州市公共图书馆业务计算机管理系统，负责业务指导和工作人员培训作；杭州东洲内河国际港有限公司负责提供场地、设施，并配置工作人员，负责分馆的正常开放。

图 7-19　东洲国际港分馆的水上图书馆

　　4.南宋序集（艺术）分馆——公益＋创意

　　杭州图书馆南宋序集（艺术）分馆是杭州图书馆和《都市快报》集团以"民办＋官助"的形式合作建立起来的主题分馆。2017年，《都市快报》集团围绕杭州市委市政府争创全国文化创意中心的目标，整合资源，打造了名为"南宋序集"的综合体项目，并且计划在南宋御街上开办一个文化分享空间，在体现文化创意的同时也体现文化的公益性。为此，《都市快报》集团希望和杭州图书馆合作，将公共图书馆的元素纳入其文化空间中。2017年6月，南宋序集（艺术）分馆正式开放。在双方的合作中，都市快报集团提供场地，并且进行场所空间设计和人员管理，杭州图书馆负责提供文献资源和业务指导。南宋序集（艺术）分馆融公共图书馆服务和文化创意产业为一体，为市民提供图书借还、在馆阅览、政府信息公开读物以及公益文化分享活动、艺术展览、创意旅游纪念品销售、市民普及艺术教育等各类文化艺术活动，是南宋御街上一个独特而有趣的创意文化共享空间。

图7-20　南宋序集（艺术）分馆内景

5.江南健康主题分馆——倡导健康生活理念

杭州图书馆江南健康主题分馆是杭州图书馆和江南养生文化村开发有

限公司合作的一家以健康养生为主题的图书馆，位于浙江省首个健康小镇核心项目江南养生文化村内，2017年8月正式开放。分馆配有近2万册涵盖环境、饮食、运动、心理、医疗、生活习惯等六大方面关于健康生活的文献，整合了文化村内6500平方米的健康管理中心，利用中心数十种先进高端检测设备以及专业健康团队，开展面向市民的个人健康检测服务和健康指导服务。读者服务突显"健康"特色，推出"体验性"阅读方式，将传统阅读与体验式服务有机结合，围绕瑜伽、中医、养生等主题，同时利用"望、闻、问、切"等中医手段开展体验式活动。在合作中，杭州图书馆负责输出文献、技术、业务指导及培训、品牌等，江南养生文化村开发有限公司负责输出场地及装修、设施设备、人员、经费、后勤保障等。日常运营管理也以江南养生文化村开发有限公司为主，负责文献服务、健康主题阅读推广活动的策划与组织等，杭州图书馆提供全程业务指导、文献资源更新、活动资源共享等支持。桐庐县图书馆在健康分馆前期建设中亦发挥了沟通协调和文献配置作用。

图 7-21　健康主题分馆内景

第八章 杭州图书馆与社会力量合作开展文化活动

一、合作开展文化活动概况

公共图书馆除了具有收藏和保存历史文献和文物、文献整序等功能外，还有进行社会教育、为人们提供娱乐方式等功能。公共图书馆的许多功能都可以通过举办文化活动的方式得以实现。在当今瞬息万变的世界中，举办文化活动越来越成为图书馆提高响应能力和适应能力不可或缺的组成部分，通过这些活动和项目，图书馆可以更加深入地了解、解决和反映社区需求，增强其机构能力和服务水平，并为社会的发展做出更大的贡献[①]。一场好的文化活动，能将图书馆服务和使用者连接在一起，彰显图书馆的服务态度，传递图书馆的服务温度。以纽约三大公共图书馆系统为例：纽约公共图书馆2018年度共开展各类活动113 200场，参与人次200万[②]；布鲁克林公共图书馆2018

---

① NILPPA. A White Paper on the Dimensions of Library Programs and the Skills and Training for Library Program Professionals [EB/OL]. [2019-07-12]. https://nilppa.org/phase-1/white-paper/.

② The New York Public Library: at a glance [EB/OL]. [2019-09-10]. https://www.nypl.org/sites/default/files/18616_at_a_glance_fy18_0.pdf.

年度举办各类活动超过72 000场，参与人次超过100万[①]；皇后区公共图书馆2017年度举办各类活动超过80 000场，参与人次140万[②]。从这些数据可以看到，文化活动在公共图书馆服务中所占比重越来越大，已经成为现代公共图书馆非常重要的服务方式。服务活动化已然成为公共图书馆服务的新趋势[③]。

　　近年来，杭州图书馆顺应国际公共图书馆发展潮流，认识到在现代公共图书馆的服务理念中，丰富、多层次、多类型的文化活动是公共图书馆应该为公众提供的重要的公共文化产品和服务。在这一思想的主导下，杭州图书馆将开展各类文化活动列为图书馆的工作重心之一，历年举办的文化活动和活动参与人次均持续提升，从2013—2017五年间，年活动场次从1184场增加到1171场，增长了近50%；年活动参与人次从23.30万增加到45.93万，增长了97%（详见表8-1）。

表 8-1　2013—2018 年杭州图书馆开展文化活动情况

年份	活动场次	参与人次
2017	1771	45.93 万
2016	1700	28.50 万
2015	1327	28.21 万
2014	1556	35.51 万
2013	1184	23.30 万

数据来源：杭州图书馆各年度年报

---

① Brooklyn Public Library Served Over 9.3 Million People in Person and Online and Presented More than 72,000 Programs to the Public in 2018 [EB/OL]. [2019-09-10]. https://resnicow.com/client-news/brooklyn-public-library-served-over-93-million-people-person-and-online-and-presented.

② The Queens Library：at a glance [EB/OL]. [2019-09-10]. http://www.queenslibrary.org/about-us

③ 范并思. 服务活动化:图书馆服务新趋势 [J]. 图书馆学刊,2017（12）:1-4.

不论是纽约三大公共图书馆系统的文化活动数据，还是杭州图书馆的文化活动数据，其背后隐藏的一个关键点是，如此数量众多的文化活动，显然不是仅仅依靠公共图书馆一家的力量可以完成的。各种类型文化活动所需要的专业知识、技能并不是传统图书馆的强项，为此，采用社会合作的方式，与各种专业机构协作，开放共享资源、合作共赢就成了现代图书馆的新选择。在具体操作过程中，各个公共图书馆都广泛利用了各种社会力量，以补充公共图书馆在人力、财力以及专业性方面的不足。

就杭州图书馆而言，杭州图书馆一直致力于改变简单的知识传递，以个性化特色化细分服务，活动融合特定知识与群体，以更好更广泛地服务公众。杭州图书馆有着公共图书馆作为公共文化机构的公益形象、信誉度、美誉度，以及专业高效的优势，有多年文化品牌的积累，这是杭州图书馆得以和各种社会力量合作，以开放的态度寻求互惠共赢机会的基础。在历年开展的各种长期和短期的文化活动项目中，杭州图书馆与政府机构、社会团体、媒体、企业、培训机构等多种社会机构形成了良好的合作关系，合作项目占到了总文化活动项目的90%以上。

二、合作开展文化活动案例

（一）中国阅读：各方携手，共同推动全民阅读

"中国阅读"项目是由中国国家图书馆、中共杭州市委宣传部指导，中国图书馆学会、杭州市文化广电新闻出版局、杭州市图书馆事业基金会主办，杭州图书馆、杭州市文广集团承办，并与文汇报社共同发起的国家级文化项目。项目通过整合图书馆界、图书销售出版以及相关专家学者的资源，对一个时间段内的阅读倾向、阅读数据进行系统研究、比较，从中分

析出大众的阅读习惯、兴趣和需求，提供引导性强、针对性强、覆盖面广的图书推荐服务。其目的一是传递向上向善的价值观，倡导全社会形成"多读书、读好书"的良好的阅读推广舆论氛围和社会风尚，激发全民阅读的热情，引导全民阅读的潮流；二是为文化服务单位，特别是图书馆采购图书、推荐阅读提供一种新的参考模式，为书找人，为人找书，更好地提升图书馆的精准服务。在这一项目的合作模式中，杭州市委宣传部和中国图书馆协会是项目的指导单位，把握和引领项目的发展路线，杭州图书馆主要负责图书推荐榜的主体工作，杭州市文广集团主要承担项目的新媒体运作和宣传推广工作，文汇报作为媒体参与，主要提升项目的传播力度，加强项目的媒体新闻性。

"图书推荐榜"作为中国阅读项目的核心内容，是开展图书推荐、推广阅读的重要载体。它以图书馆阅读流通数据、出版社销售数据为基础，面向大众推出的具有公信力、参考性的图书阅读推荐榜单。这一榜单的形成方式打破了以往以图书馆单体馆为数据分析对象的习惯，以全国公共图书馆借阅数据为对象开展分析工作；突破了以往图书馆借阅流通数据与图书销售零售数据互不交流、独立统计分析的瓶颈；补齐了图书馆将借阅流通量视为内部业务指标，忽视借阅流通量与市民阅读趋势紧密联系的短板，是图书推荐榜的一大突破。

2017年度的首届"中国阅读"图书推荐榜经过了为期半年的酝酿。榜单设置了"哲学·宗教""政治·军事""经济·法律""人文·历史·艺术""文学""自然科学""儿童读物"等7个子榜单；组建由人文学者、作家、媒体评论人、出版界等方面组成的专家组，以图书馆借阅流通量或者图书销售零售量为基础，从每个子榜单排名前1000名的图书中初选出70种图书；再经过专家组两轮的评审，最终选出7个子榜，共计68本推荐图书；并于2017年11月26日在杭州图书馆举行发布仪式，正式向公众推荐榜单。可以说入围榜单的图书，都是既兼顾客观数据、评审专家意见，又贴近市民生活，具有较高的格调和品位，有着显著的引导和推广作用。

此外，"中国阅读"微信公众号于2017年9月1日开始日推，内容共包含NEXT BOOK、一周享悦读、书单榜单等七大版块。其中，"书单榜单"栏目在发布年度综合性榜单的基础上，还将根据不同主题、时节和社会热点，不定期推出专题榜单，并通过多种传播方式进行发送，促进全社会的阅读氛围，引导市民多读书、好读书、读好书。截至目前，"中国阅读"微信公众号已有粉丝近2万人，用户地域分布在32个省份300多个城市。

图8-1 第一届中国阅读榜单发布现场

（二）文澜沙龙：从读者中来，到读者中去

"文澜沙龙"是杭州图书馆一系列由读者自己策划、自己管理、自己运作的文化活动中开展较早，比较有代表性的一例。2009年由杭州图书馆专题文献中心推出之后开办至今，坚持每周举办1—2场活动。目前，活动共开设"幸福人生""心理探秘""外语学习""经济理财""阅读分享""演讲艺术"等10余个主题系列。活动以"自由·平等·公益"为理念，以"读者讲给读者听"为主要形式，采取零门槛合作的主讲人招募思路。"零门槛"的含义是无论读者年龄、职业、学历等其他因素，只要主讲内容不违反国家法律法规和基本道德规范，与专题文献中心馆藏文献契合，与之前开展过的活动没有重复，时间场地安排不冲突，即可向图书馆申请成为沙龙的主讲人。

合作方式为：主持人全权安排活动的形式、程序、内容及风格等一切要素。图书馆员为沙龙活动提供全程服务并扩大其影响力，开展活动的预告宣传、所需设备和场地准备、现场服务及相关图书推荐、活动现场记录、摄影及后续的宣传报道。

2010年，"文澜沙龙"系统地建立起与沙龙读者的沟通渠道，线上通过邮件、QQ群、微信群等，线下不定期地举办各类沙龙读者会，交流沙龙开展情况，评估主持人水平，引荐新主持人，讨论沙龙发展方向等。2012年初，结合杭州图书馆ISO 9000制度管理体系，专题文献中心梳理活动流程，使活动制度更严谨。

《文澜沙龙》杂志是"文澜沙龙"另一个以图文形式展现的平台，由读者自发承担采访、摄影、组稿、设计和初稿审核等工作，图书馆工作人员负责审核终稿。每期刊物包括人物专访、沙龙印象、人文杭州、读者推荐等10余个栏目，封面人物均为"文澜沙龙"中的优秀组织者。

图 8-2　文澜沙龙活动现场

（三）杭州图书馆市民朗诵团：各方合力组建市民文化社团

杭州图书馆组建有众多的市民文化社团，比如市民合唱学院、市民剧社、作家公社、咏秋社等，其中，市民朗诵团是通过多方合作组建起来的典型代表。

杭州图书馆市民朗诵团成立于2017年4月21日，是由杭州市图书馆事业基金会发起筹建、杭州图书馆作为主体平台、"浙江之声"广播电台、杭州我们读诗文化传播有限公司、杭州市诗歌朗诵协会等作为社会战略合作单位的民间组织。具体而言，杭州市图书馆事业基金会负责朗诵团发展方向的把握、运行的指导、部分资金的支持；杭州图书馆负责朗诵团各类活动的宣传、策划以及活动场地的提供等；"浙江之声"广播电台负责为朗诵团提供部分专业导师，与电台栏目对接；杭州我们读诗文化传播有限公司、杭州市诗歌朗诵协会等为朗诵团提供其他相关专业支持。朗诵团下设秘书处、培训部、演出部、创作部等部门，通过指导、组织市民开展诗歌创作、朗诵等活动，帮助广大市民提高朗诵水平，更好地感受朗诵的魅力，提升个人的文化素养和艺术修为。

市民朗诵团每年举行一期团员招募活动，按照实际诗歌朗诵水平，将团员分为高、中、初级等组别；邀请专业老师授课，按照不同的级别开展团员培训工作；邀请作家、诗人共同创作新作品；带领团员参加各种朗诵会、演出。杭州图书馆市民朗诵团得到了杭州市民的积极响应，第一批朗诵团团员招募在1小时之内就报满，每一次市民朗诵团演出活动观看人数均在500人次以上。

图 8-3　市民朗诵团成立仪式及首演现场

4.图书馆里的风物展：与民间机构共同挖掘地方文化遗产

杭州图书馆为创新开展地方文献征集工作，与杭州日报集团合作开展杭州文化系列展览。展览融合杭州的物产、杭州的文化、杭州的审美、杭州的设计、杭州的科技，还有杭州当下的情绪，处处体现地方文化的传承与创新。

2016 年，杭州图书馆联合"酱爆团队"、杭州市委宣传部、市文明办、市文化创意产业办公室（中国国际动漫节节展办公室）、新浪中国、杭州发布等合作单位举办首场杭州文化系列展览"精·器·神——杭州当代手艺人、设计师作品展"。活动历时半年，参展匠人 16 位，共展出包括团扇、皮具、瓷器、首饰等在内的 100 余件原创作品，并邀请 4 位匠人进行分享沙龙活动。匠人老师分享手工制作的各类相关知识，包括团扇、香器、锔瓷和金缮修复的瓷器等。浙江电视台综合频道、杭州电视台"阿六头"栏目、《杭州日报》、杭州发布等媒体进行报道，20 多家政府官方微博转发，台湾《旺报》也对展览做整版介绍。

2017 年，杭州图书馆再次与"酱爆团队"合作，为中东欧国家文化合作部长论坛特别策划了"繁花——杭州当代艺术家、手工匠人作品展"，延续"杭州匠人"项目，迎接中东欧十六国代表团来访。

2018 年，杭州图书馆和中国国际茶文化研究院、《杭州日报》报业集团合作主办了"执一壶——陆一飞紫砂大写意作品展"系列活动。其中展览展品包括书法、紫砂、篆刻、拓印、3D 显示等传统和当代相融的手法，还配有书展和沙龙活动，观展人数逾 24 万人次。新华社以《喝文化茶、传统文化和当代生活无缝接轨》为题进行报道，浏览量超过100 万人次。

杭州文化系列展览是地方文化传承创新的新探索，是公共空间审美提升的典范，也是向世界展示杭州文化的新窗口。展览以社会合作为基础，企业、社会团体、个人及媒体等多方助力，创意形式使人耳目一新，深受媒体关注，得到社会各界人士好评。

图 8-4　中东欧国家文化合作部长论坛期间特别策划的"繁花"展

（五）小文艺家首秀：搭建少儿艺术的多彩舞台

在"小文艺家首秀"项目推出之前的2011年，杭州图书馆创新了原有的讲座品牌"文澜大讲坛"，设计了全新的"文澜大讲堂之我来做主讲"系列，招募有一技之长的草根人士作为讲堂主讲人，让他们也可以像著名的专家学者一样在文澜大讲堂这个平台上展现个人智慧和风采。这一项目一经推出便获得了热情呼应，吸引了众多市民的参与。然而文澜大讲坛主要针对的是成年人，如何让少年儿童也有一个展示自我的平台？这是杭州图书馆的活动策划团队一直在思考的问题。很快，他们便在与杭州主流媒体《都市快报》的思维碰撞中擦出了火花。大家考虑到当下少年儿童的艺术培训非常火热，家长们都希望自己的孩子有某一方面的艺术特长，然而，虽然一大批孩子奔赴在艺术培训的道路上，但是他们却缺乏一些表演、展示的平台，公共图书馆正好可以为这些孩子们搭建这样一个空间。于是，杭州图书馆和都市快报迅速达成一致，两者在2014年8月共同开启了"小文艺家首秀"项目。

　　"小文艺家首秀"以"展示青少年才艺、发掘未来艺术家"为宗旨，意在发现少年儿童在音乐、舞蹈、戏剧、摄影、绘画、书法等方面的才艺，通过为其开展个人专场或联合专场的方式，帮助其展现才华。在项目运作过程中，杭州图书馆主要承担场地的提供、舞台的布置、表演/展示现场的沟通协调等工作；《都市快报》则负责对活动的媒体报道和对小艺术家整体的包装、宣传；小文艺家的招募、名单审核、对象选定、观众报名等工作由两者共同完成。每一台小文艺家的表演/展示都是各方精心准备、全情投入的作品：小艺术家的不懈练习；家长的倾力配合；《都市快报》的全程宣传；图书馆不仅提供现场保障还为小艺术家们提供艺术指导。每一次表演/展示之后，杭州图书馆都会和《都市快报》一起，为参与的小艺术家们制作一份视频影像合集，给小朋友留下美好的回忆。

图 8-5　小艺术家首秀演出现场

"小文艺家首秀"受到了家长和小朋友的热烈欢迎，报名络绎不绝，部分演出的档期甚至要排到半年以后。这一活动迄今已经举办了近百场，100多位小朋友登上了杭州图书馆的舞台，展现了属于自己的风采。

第九章　杭州图书馆志愿者队伍建设

公共图书馆作为公共文化机构，是志愿服务的重要平台。志愿者不仅是图书馆专业队伍的有益补充，也可以使图书馆工作发挥出更大的社会效应。积极引入志愿者，让志愿者以"主人翁"的姿态发挥作用，是社会力量参与公共图书馆事业的重要方式。欧美国家志愿服务发达，图书馆志愿服务普遍。杭州图书馆在这方面也进行了诸多的探索和实践。

一、志愿者队伍建设概况

杭州图书馆较早就开始尝试在图书馆工作中引入志愿力量，从初期的零星志愿者服务，到后来不断发展壮大的志愿者队伍。如今杭州图书馆的志愿服务已常态化，志愿者年龄多层次，专业背景多元，参与服务面广，志愿服务岗位针对性强，较好地满足了图书馆对志愿者队伍的需求。

（一）志愿者服务的主要内容

杭州图书馆志愿者服务的内容主要有以下方面：

● 基础服务工作：主要是文献借阅部门的基础文献管理，包括图书的分类、上架、整架、下架以及物流相关工作等。

● 维护公共环境秩序：志愿者通过在开放区域的巡查，倡导读者养成良好的阅读习惯，特别是对不文明行为进行劝导，为读者提供良好的阅读环境。

- 参与文化活动：充分发挥每位志愿者的专长，作为图书馆开展各种文化活动的主持人、主讲人、策划人等，如图书馆公益培训班的主讲老师、沙龙活动的主持人等。

- 活动现场的组织和协助：志愿者帮助组织管理图书馆举办的各类活动的现场秩序。

- 专项工作：为图书馆某一项专门工作特别招募的志愿者，如杭州图书馆召开国际学术会议期间招募的语言翻译志愿者团队；为专题文献中心提供海外图书馆动态信息的搜集、翻译、整理工作的志愿者工作团队；参与佛学分馆讲座音频整理工作，负责音频转换文字的初步整理工作的志愿者团队等。

- 高校实习基地：杭州图书馆接纳高校志愿者作为其实习基地，如2015年与浙江大学人文学院共同合作建立社会实践基地，招募博士研究生志愿者开展以学术研究为主的暑期社会实践；2016年与杭州师范大学钱江学院签约，成为该校的大学生素质拓展实践基地；其余还有北京大学信息管理系、香港中文大学等高校的学生不定期地作为志愿者来杭州图书馆实习。

（二）志愿者管理制度

杭州图书馆设有专门的部门和专门的岗位负责全馆志愿者的统筹、协调、管理工作，已经形成了专业的志愿者管理队伍。

杭州图书馆制定有专门的《杭州图书馆志愿者管理办法》，对志愿者的招募条件、招募办法、志愿者的培训、志愿者的晋级办法、志愿者的日常管理及考核等内容都做了详细的规定；制定了《杭州图书馆志愿者服务须知》，明确了志愿者的权利与责任；设计了与办法相配套的《杭州图书馆志愿者申请表》《杭州图书馆志愿者报名汇总情况表》《杭州图书馆志愿者服务评价表》等表单，对志愿者的个人信息情况及服务质量予以记录及评价。

为进一步激励志愿者的参与积极性，杭州图书馆制定了《杭州图书馆志愿者表彰奖励办法》，从服务时长、工作难度、服务质量、服从配合度等方面，以一定的比例对优秀志愿者进行评选，并给予一定的物质和精神奖励。杭州图书馆还不定期地举办志愿者座谈会，鼓励图书馆工作人员和志愿者以及志愿者和志愿者之间的沟通和交流，以提升志愿者的专业服务水平，建立一支更加稳定的志愿服务团队。

（三）志愿服务工作成效

杭州图书馆志愿服务工作开展有序，成效显著。截至2017年底，共有登记在册的志愿者739名；2013—2017年期间，合计约有11 000人次的志愿者提供了近6万小时的志愿服务，并且呈现出逐年上升的趋势。志愿者的工作有效保障了杭州图书馆各项工作顺利开展，尤其是在节假日读者人流量大增情况下补充文献借阅部门人员配备的不足、主题分馆的日常运营管理、大型项目中的专项服务等方面发挥了重要的作用，已经成为杭州图书馆事业发展中不可或缺的重要力量。

二、志愿者参与图书馆服务案例

（一）杭州图书馆之友志愿服务社

2005—2006年期间，时任杭州图书馆馆长的褚树青在考察美国公共图书馆事业的过程中，发现很多图书馆都建有"图书馆之友"志愿服务组织，这些组织通过帮助图书馆筹款、宣传，参与图书馆服务项目等形式，在促进和培育图书馆系统，完善和充实图书馆服务方面发挥了积极的作用。杭州图书馆希望可以借鉴美国公共图书馆的这一形式，搭建类似的志愿者服务平台，更好地发挥志愿者在图书馆事业发展中的作用。

2007年1月，杭州图书馆之友志愿服务社（简称"之友社"）正式成立。这是杭州市第一家在杭州市志愿者协会登记注册的图书馆志愿者服务队伍。其宗旨是为读者服务，丰富广大市民文化生活、提高市民文化素质，同时也为各志同道合的读者搭建互相交流和学习的平台。杭州图书馆"之友社"下设的机构主要有：

● "收藏之家"：以收藏爱好者为主组成，开展诸如收藏知识讲座、藏品交流会、社友藏品展览等活动。"收藏之家"还定期出版社刊《收藏之家》，为社友提供了一个固定的交流探讨的平台。2008年"收藏之家"荣获杭州市志愿者组织创新奖。

图 9-1　之友社"收藏之家"举办的民间鉴宝活动现场

● "书画之家"：以书画爱好者为主组成，是书画爱好者展现才华、交流学习的园地。"书画之家"定期举办书画作品展、知识公益讲座、沙龙等活动。

● "好摄之友"：由杭州图书馆与钱江晚报合作，以摄影爱好者为主。"好摄之友"定期举办摄影作品展、摄影技巧分享、摄友旅游摄影分享等活动，社友的优秀摄影作品还会被选登到《钱江晚报》上。

● "歌舞之家"：以舞蹈爱好者为主组成，是舞蹈爱好者互相学习、交流、分享舞蹈艺术的空间。"歌舞之家"还经常组织社友参加社区及电视台的文艺演出活动。

● "话剧之家"：杭州图书馆与杭州各大高校大学生话剧团、高中学生话剧团合作搭建的话剧表演平台。"话剧之家"的合作单位包括浙江师范大学的"流霞社"，浙江传媒大学"枕木剧社""B&G社"，中国计量大学的"子午剧社"，浙江大学的"梵音社"，杭州市科学技术学院的"晨晖剧社"，杭州市高级中学的"钝化剧社"等。杭州图书馆为各话剧社提供表演场地和宣传服务，所有的话剧演出均可以免费观看，为普通市民提供了一个无门槛接触话剧艺术的机会。

● "大学生之家"：由杭州各大高校青年志愿者服务队伍组成的杭州图书馆志愿服务团队，以为杭州图书馆提供各种志愿服务为主要内容，包括图书的上架、整架等基础文献服务、图书馆活动现场的组织协调工作以及可以展现大学生们特长的语言翻译等专项服务等工作。

● "市民爱心社"：由普通市民组成的杭州图书馆市民志愿服务队伍。"市民爱心社"的一项重要工作室不定期开展图书捐赠等活动，杭州图书馆负责将市民捐赠的图书进行整理和二次分配，以充实社区、乡镇等基层图书馆的馆藏。

图 9-2　之友社《话剧之家》表演现场

（二）阅读疗愈：心理专家导师团

阅读作为一种辅助治疗的方法有着悠久的历史。在中世纪的开罗，就有医生给病人看病，一旁有神职人员给病人诵读《古兰经》，以安抚病人情绪的场景记载。19世纪，图书辅助治疗的方法在英、法、德等欧洲国家得以推广。20世纪之后，美国首先创造出了"阅读疗法"这一词汇，并广泛地应用于图书馆界。杭州图书馆借鉴欧美国家的这一做法，希望通过图书馆这一平台，借由书籍，再加上专业心理咨询师的指导，帮助读者解决一些心理问题。为此，杭州图书馆于2013年推出了"阅读疗愈"项目。

"阅读疗愈"不等同于一般的"阅读疗法"，它将"阅读图书"这一辅助治疗手段和专业心理咨询师的治疗相结合，以阅读为载体，以交流为纽带，帮助读者寻求解决问题的方法，减少或缓解现代人的困惑和压力。因此，"阅读疗愈"是一个横跨阅读推广、心理咨询等多领域的项目。为了达到更好的活动效果，杭州图书馆在该项目策划之初就希望寻找心理学领域的专业人士共同合作。为此，杭州图书馆联合了杭州市12355青少年服务台、浙江省心理学会等组织机构，招募热心公益的有资质的心理学专家、医生等专业人士，组建志愿者专家导师团队。杭州图书馆负责图书推荐和文献资源的提供，心理学专家负责心理疏导，医生提供专业的针对性治疗，集三方合力共同开展服务。

"阅读疗愈"活动线上线下相结合，有一对一的治疗活动，也有团体治疗活动。活动形式灵活多样，有OH卡牌心态疗愈、音乐疗愈、沙画疗愈、电影疗愈、职场疗愈、亲子疗愈、婚恋疗愈、文学疗愈、禅绕画疗愈、心理剧疗愈等。为了关注老年人和少年儿童等弱势群体的心理健康，还特别推出了针对老年人睡眠问题的"安然入睡，幸福生活"睡眠养护系列课程，针对盲校儿童的"关爱盲童文艺会演、阅读疗愈进盲校"活动，以及专门针对少年儿童心理健康的阅读疗愈课程。经过多年的探索，杭州图书馆的"阅读疗愈"项目已经形成了相对稳定的志愿者专家导师团队，他们热心公益事业，为公共图书馆和读者之间搭建了一座心理健康的桥梁。目前，"阅读疗愈"项目已经举办了200多场活动，受众群体上万人次，受到了业界及社会的广泛关注。杭州主流媒体（如《杭州日报》《钱江晚报》）以及国内网络媒体，对该活动进行了多达30余次的报道，业内《图书馆报》刊登了7次整版专访。

图 9-3　阅读疗愈一对一心理访谈

（三）青苹果在行动/红苹果故事会：最美志愿者

为了更好地发挥公共图书馆作为志愿者实践基地的作用，杭州图书馆于2015年推出了"最美志愿者"系列活动，"青苹果在行动"和"红苹果故事会"便是"最美志愿者"活动中非常有特点的两大系列。

"青苹果在行动"志愿者活动主要面向的是未成年人群体。在活动开展之初，杭州图书馆以"文明在身边，文明在此时"为口号，以小学及初中学龄段的学生为主要招募对象，让学生志愿者开展图书整理、图书分类、文明劝导等活动，培养少年儿童的文明阅读习惯，倡导用自身行动传递文明。随着活动的开展，"青苹果在行动"的形式、内容不断丰富，参与对象也更加多样化，不仅有来自杭城各个幼儿园、小学、初中段的学生，还吸引了《青年时报》牛通社的小记者们，他们对杭州图书馆这项活动也非常感兴趣。为此，"青苹果在行动"志愿者活动专门开办了"小记者在行动"专场，每月举办一次。工作人员带着牛通社的小记者们参观图书馆，为他们介绍图书馆相关的知识，开展图书分类、图书整理、图书借阅等工作，小记者们亲身体验作为一个"图书馆管理员"的日常。经过两年多的实践，工作人员发现，如果能让家长也参与其中，不但可以给孩子们树立榜样，促进亲子关系，还能够丰富图书馆的志愿者资源，活动效果应该会更加明显。于是，从2017年12月开始，"青苹果在行动"推出了"亲子大作战"项目，让孩子与家长共同参与其中，一起整理图书，文明劝导，维护有序的阅读环境。活动推出之后，非常受欢迎，报名热度持续上升。目前，"青苹果在行动"共有来自50多所不同的幼儿园、小学、中学的3000余人次小读者参与了文明志愿者的工作，已经成为杭州图书馆志愿者工作中重要的服务品牌。

受"青苹果在行动"之"亲子大作战"项目的启发，杭州图书馆在

2017年底专门推出了针对家长和成人志愿者群体的"红苹果故事会"活动，招募有一定专长的家长和其他成年人作为志愿者，定期为杭州图书馆少儿读者开展活动。活动的内容取决于志愿者的特长，活动策划、活动组织、活动开展也均由志愿者进行，杭州图书馆负责活动的审核和后勤保障。目前，红苹果故事会活动招募了一大批有特长的志愿者，每月定期为儿童读者开展故事会等活动。其中"红苹果故事会"下属的"JASON'S TIME"活动由一位在杭州生活的美国人JASON开展，活动以英语学习为主要内容，活动现场结合音乐、表演、绘本阅读为主要形式，深受读者喜爱。"红苹果故事会"志愿者服务活动从开展至今已经举办了30余场活动，活动参与人数近500人次，不但为家长和成年人提供了展示才华的平台，也丰富了杭州图书馆的活动资源。

图 9-4　红苹果故事会之"JASON'S TIME"

（四）公益培训班志愿讲师团：今天的学员，明天的教师

杭州图书馆的公益培训班从2008年开班以来，一直坚持至今，一个重要的原因是，公益培训班坚持了一条"教师公益、学员免费"的办学道路，组建了一支乐于奉献、水平过硬、不断发展壮大的市民志愿讲师团队伍。

公益培训班从创建之初就倡导"以公益回馈公益"的运作模式：能者为师，今天的学生也能成为明天的老师，只要你具备了一定的专业知识，能胜任相关课程，那么就能走上讲台，成为别人的老师。比如"中国结"班的发起者曾家的三姐妹，她们热爱绳编艺术，不但自己专心研究还经常在社会上组织学员进行推广普及，因此，非常乐意通过杭州图书馆公益培训班这个平台和更多的人分享他们的编绳艺术；太极老师王阿斌是杨氏太极拳的第六代传人，一位优秀的武术高手，也曾经是葫芦丝培训班的学员，当杭州图书馆向他发出加入公益培训班志愿讲师团队伍邀请的时候，他也是欣然接受；英语老师高云亦兴趣广泛，曾经参加过公益培训班中瑜伽、民族舞、摄像等课程的讲授，当得知学员对英语口语有需求，特别是中老年人退休了后在出门旅行时，觉得简单的日常英语口语对话学习非常有必要和实用之后，高老师当即表示可以发挥自己的特长，担任公益英语老师。像曾老师、王老师、高老师这样从公益培训班走上讲台、用自己的实际行动回馈公益事业的志愿老师在杭州图书馆的公益培训班中不在少数，正是他们，用其自身的努力进一步扩大了公益培训的影响力，不仅较好地解决了公益培训项目中的教师资源问题，还把公益培训的一部分策划权交给了公众，使他们从知识的被动接受者变成知识传播的主动参与者，同时也成为公益培训班吸引学员加入的又一重要因素。截至目前，杭州图书馆公益培训班已经通过这样的形式成功开设了中国结、梭编、布艺、编织、摄影、书法、民族舞、踢踏舞、瑜伽、越剧、葫芦丝等28个培训项目。

图 9-5 英语公益培训班

第十章　杭州图书馆的业务外包和服务融合创新

参与公共图书馆的业务变革和服务创新是社会力量参与公共图书馆事业的另一种重要方式。在社会发展和技术进步不断超越的今天，社会的开放度越来越大，各行各业融合的趋势越来越明显。当万物互联、共融共通已经成为时代的关键词，公共图书馆走向与其他行业的深度融合发展，实现业务变革和服务创新，是必然，也是必须。通过和社会力量的联合，或者是将一些非图书馆核心业务从图书馆工作中剥离出来，或者是为图书馆的业务和服务注入新的发展动力和活力，社会力量对公共图书馆事业的推动作用都是显而易见的。杭州图书馆在这方面也进行了一系列的探索和实践。

一、编目业务的变革

图书编目是传统图书馆的核心业务工作之一，然而随着计算机技术的发展，传统的卡片式目录已经被机读目录所取代，计算机编目使得更大范围的编目共享和合作成为可能。通过建立联合编目中心，一家图书馆将书目数据上传之后，所有的成员图书馆都可以使用该数据，不再需要大量的重复劳动，因此，对于大多数公共图书馆来说，编目工作的技术含量正在下降。另一方面，现代图书馆已经不再以采编业务为主了，参考咨询、文化活动等为读者提供更深层次、多样化的服务已成为图书馆的新亮点。为了实现图书馆资源配置在更大范围内的优化，美国、日本等国家的图书馆早在20世纪七八十年代就已经实现了编目业务的外包，相较图书馆，外包商可以更加经济、有效地完成编目工作，图书馆也可以把资源集中到更核心的业务工作上来。

我国最先开始试水编目外包的是高校图书馆，2006年，在中国人民大学召开的北京地区高校图书馆理事会议中，编目外包业务被正式提出①。2007年，杭州图书馆开始试行编目外包，是我国公共图书馆界较早开始实践编目业务变革的图书馆之一。杭州图书馆的做法是，将编目工作作为一项图书供应商的增值服务在图书采购的招标合同中明确列出，要求书商在给杭州图书馆供应图书的同时提供该书的书目数据，并完成贴磁条、贴书标、盖馆藏章等辅助加工工作。通过这样的方式，杭州图书馆在不增加购书成本的情况下将编目工作转交给了图书供应商，杭州图书馆则可以将原先的编目人员调整出来从事书目数据的审校、杭州地区联合编目中心的业务指导、协调，与OCLC合作上传馆藏书目数据等更加需要专业能力的工作，有效地整合了资源，实现了杭州图书馆编目业务的转型。

二、物业工作的外包

在2008年杭州图书馆钱江新城新馆即将建成开放前，杭州图书馆意识到，物业工作将是新馆开馆之后的一项重要工作。不同于浣纱路老馆，钱江新城新馆面积近4万平方米，是老馆面积的10倍，而且新馆的设施设备一流，在当时的我国公共图书馆界处于领先地位。因此，不管是工作量还是工作的

---

① 曹秋霞. 国内外图书馆编目业务外包服务的比较研究 [J]. 图书馆建设, 2009（12）: 91-94.

复杂程度，新馆的物业工作都不是可以和老馆同日而语的，杭州图书馆需要一支更加专业的物业管理团队。本着"让专业的人做专业的事"的理念，杭州图书馆希望可以将新馆的物业工作外包给专门的物业公司，转变传统图书馆自己管理物业的方式。杭州图书馆的这一申请得到了杭州市政府的大力支持，杭州市财政专门划拨了一笔经费用于杭州图书馆的物业管理。之后，通过招标等一系列流程，杭州图书馆和浙江绿城物业公司签订了合作协议，由浙江绿城物业公司全面负责杭州图书馆的公共卫生、绿化养护、消防安全、机电设备维护等工作，杭州图书馆的后勤部门负责对物业工作进行监督管理。实践证明，杭州图书馆物业外包的选择是非常正确的，具有国家一级资质的浙江绿城物业公司确实是一家非常专业的公司。从2008年新馆开馆至今，杭州图书馆和浙江绿城物业公司合作了超过十年的时间，在钱江新城新馆日均到馆量超过1万、节假日到馆量超过2万如此庞大人流量的情况下，不仅保障了杭州图书馆每一天的正常开放，而且各项设施设备保养得到，十年之后的依然可以正常使用。可以说，杭州图书馆2008年开始实施的物业外包也是早期政府购买公共文化服务的成功实践。

三、流通服务的创新

现代公共图书馆服务的广泛性和多样化意味着跨学科的能力。为此，公共图书馆需要以跨界融合的理念，寻找各个领域的合作伙伴，合作开发新的服务形态，为图书馆发展注入新的动力。杭州图书馆推出的"书店借书、图书馆买单"的"悦读"服务，"网上借书、送书上门"的"悦借"服务，以及"信用借阅"服务，可以说是公共图书馆关注社会发展趋势，借助互联网技术，与书店、软件开发企业、社会信用机构等建立战略伙伴关系，跨界融合、深度合作、共享成果、多方共赢、实现传统流通领域服务创新的典型案例。

"悦读"服务的核心是"以用户为中心"。图书馆与书店合作,改变传统图书馆的采访业务模式,外移借阅服务职能于书店,直接由书店现场提供图书加工、外借服务,读者在书店直接选购、现场借阅自己喜爱的图书,实现图书上市时间和阅读时间的无缝对接。这一服务自2016年1月1日正式推出以来,社会反响巨大,深受市民欢迎。从新华书店庆春路一个营业点,扩展到新华书店庆春路和解放路两个营业店以及西西弗书店和大涵书店2家民营书店,一年时间内累计有4.55万人次从书店直接借走了17.29万册图书。

"悦借"服务的核心是"图书淘宝"。这是一个借助互联网与物联网技术打造的图书借阅O2O平台,杭州图书馆与邮政物流系统合作,市民在线完成图书借阅之后,就可以等着图书快递上门。杭州图书馆还将"悦读"和"悦借"服务相结合,读者不仅可以在"悦借"服务平台上借到图书馆的藏书,也可以借到新华书店的新书。这两项服务的推出,让杭州市民借书更加快捷、看书更加方便,进入了图书借阅的"高速公路"。

2017年,杭州图书馆与蚂蚁金服旗下芝麻信用、苏州嘉图软件有限公司、邮政速递四家单位合作,于4月23日世界阅读日当天推出"信用借阅"服务,凡芝麻信用分550分及以上的市民,均可享受免押金、免办卡、线上借书、送书上门的服务。"信用借阅"通过"阅读+信用"的方式,突破以"押金""借书证""滞纳金"为手段的传统借阅服务模式和管理模式,实现了建立在信用基础上的免押金、免借书证,不仅为流动人口提供了无差别的信息服务,提高了服务的均等化程度,还减少了图书馆借阅服务的流程,进一步提升了借书的便捷性,充分节约了用户使用成本,提高了服务效率。杭州成为首批开放线上信用借书服务的城市之后,杭州图书馆还将这一模式推广至杭州市各区县图书馆,形成了信用服务联盟。

图 10-1　2017 年世界读书日杭州图书馆推出信用借阅服务

四、智慧服务的发展

在现代技术环境下，公共图书馆尤其需要关注新技术的发展，与该领域的专家、机构建立深入的合作关系，将图书馆服务与最新的技术相关联，共同开发有吸引力的智慧服务。比如杭州图书馆和阿里巴巴蚂蚁金服合作的图书馆智能机器人项目。

鉴于阿里巴巴蚂蚁金服在人工智能领域的专业经验，杭州图书馆从2016 年 10 月开始与其合作，计划设计研发一个虚拟图书馆智能机器人项目；2016 年 12 月，杭州图书馆引进了蚂蚁金服的人工智能咨询机器人；2017 年 2 月，实现了双方系统的成功对接；通过知识库的录入、调试及算法校准等，2017 年 6 月，杭州图书馆智能咨询机器人（"文澜在线小微"）正式启用。

该智能咨询机器人接入方式灵活，可以集成在 APP 端或公众号内任一位置，也可通过扫描二维码或访问网址等方式进行访问；有统一的知识库，具有自主学习能力，可进行可视化的数据分析，提供多渠道的智能服务，如查询图书馆书目信息、天气、股票知识、百度百科、与机器人趣味聊天等，在微信上随时帮助市民解决各种问题。下一步杭州图书馆还将继续与蚂蚁金服开展深入合作，进一步扩充知识库，完善服务功能，为市民提供更先进的公共文化智慧服务新体验。

第十一章　杭州图书馆引入社会力量参与的成效、经验与展望

一、引入社会力量参与的成效

从早期探索到后来的蓬勃发展、全方位实践，杭州图书馆引入社会力量参与公共图书馆事业发展的成效是显著的，主要体现在以下几个方面：

（一）创新了公共图书馆的建、管、用方式，发展动力有效激发

通过吸引社会力量参与，杭州图书馆的业务模式、管理方式、服务形态都有所创新，公共图书馆的活力和动力得到有效激发。

在"建"上，杭州图书馆通过社会合作的方式完善杭州市公共图书馆服务体系的网络布局，和政府机构及其下设事业单位、国有和民营企业、基金会等社会公益组织、志愿者等各种社会力量合作，合作方或提供资金，或提供场地，或提供设备，或提供文献资源，或提供人员，在十多年的时间里建成了近20家主题图书馆，有效推进了体系的深入发展。

在"管"上，杭州市图书馆积极推动管理体制机制的改革创新，以制度的变革增强图书馆的创新活力。如杭州图书馆通过建立杭州图书馆理事会，以理事会制度吸引社会力量参与治理；杭州图书馆建立了我国公共图书馆领域第一个图书馆事业基金会，创新社会公益方式；杭州图书馆创新志愿者工作制度，引导志愿者成为杭州图书馆事业发展中的重要补充力量。

在"用"上，杭州图书馆积极融入互联网发展大环境，强调融合发展，通过和机构的合作和技术融合，创新服务业态。比如"书店＋借阅""互联网＋借阅""信用＋阅读"等模式，打通了采访、编目、流通等内部业务和读者服务环节，提高了图书从购买到上架的效率，同时解决图书从图书馆到读者手中的"最后一公里"问题，创新传统服务方式。

（二）提高了公共图书馆的投入产出率，服务效益不断提升

社会力量的参与有效弥补了杭州图书馆在经费、人员、设施设备等方面的不足，在政府对杭州图书馆的财政投入没有大幅增长的情况下，杭州图书馆仍然不断拓展了各项业务工作，服务效益不断提升，有效提高了政府对公共图书馆的投入产出率。

表 11-1　2008 年、2017 年杭州图书馆经费投入及服务效益对比表

年份	财政总投入（千元）	文献购置费（千元）	流通人次	外借人次	外借册次	活动场次（讲座、培训、展览）	活动参与人次（讲座、培训、展览）
2008	53 480	16 000	3 092 596	778 314	2 059 545	51	14 506
2017	79 541	16 000	5 142 926	1 316 739	3 134 204	766	285 283
增长率	48.7%	0	66.3%	69.2%	52.2%	1402.0%	1866.7%

数据来源：浙江省文化厅2008年、2017年两馆一站（图书馆、文化馆、文化站）基本情况统计表

表11-1列出了2008年和2017年杭州图书馆的财政投入和基本服务数据之间的对比表，可以看到，十年间杭州图书馆的年文献购置费没有任何增长，一直维持在1600万元；年度财政总投入的增长也非常有限（除去人员经费、物价上涨等因素），增长率只有48.7%。在这样的情况下，杭州图书馆的年流通人次仍然从2008年的3 092 596人次增加到2017年的

5 142 926人次，增长了66.3%；外借人次从778 314人次增加到1 316 739
人次，增长了69.2%；外借册次从2 059 545册次增加到3 134 204册次，
增长了52.2%；活动场次和参与人次（这里只统计了讲座、培训和展览三
种活动形式）更是大幅度提升，十年间分别增长了1402.0%和1866.7%。
所有服务数据的增长量都超过了政府经费投入的增长量。可以肯定的是，
杭州图书馆服务效益的大幅持续提升，除了杭州图书馆人自身的不懈努力
和对事业的追求外，社会力量的参与和支持作为隐性投入对杭州图书馆的
发展同样起到了非常关键的作用。

（三）延伸了公共图书馆的服务阵地，公共空间持续拓展

杭州图书馆通过和社会机构合作，将社会机构的场地转变为公共图书
馆的服务阵地，极大地拓展了公共图书馆的服务空间。比如在杭州图书馆的
主题分馆建设中，除了音乐分馆和电影分馆两家设在钱江新城中心馆内的
馆中馆，生活主题分馆一家是由原杭州图书馆浣纱老馆改建而成的分馆外，
印学分馆、盲文分馆、棋院分馆、佛学分馆、科技分馆、运动分馆、环保
分馆、东洲国际港分馆、城市学分馆、江南健康主题分馆、自然分馆、南
宋序集（艺术）分馆、宪法和法律分馆等其他十几家分馆均借用了合作单
位的场地，这些分馆的面积加起来超过12 000平方米，遍布杭城各个区域；
又比如杭州图书馆运动分馆与社会机构合作建立馆外体验点，将社会运动
场馆的资源纳入运动分馆的服务网络中，目前已建立了咏春拳馆、击剑馆、
滑翔伞基地等15家馆外体验点；等等。这些都是对公共图书馆原有服务空
间的突破和创新。

（四）满足了公众的精神文化需求，文化热情充分点燃

公共文化应该是一个公众自我教育、自我成长的过程，要满足公众的
精神文化需求，就应该坚持有教无类，充分点燃公众的文化热情，让蕴含

于公众中的文化创造力得到充分的展现，文化创造成果得到更大的认同，帮助公众实现自我完善。杭州图书馆应该说比较好地做到了这一点：杭州图书馆积极引导公众参与公共图书馆服务，让公众直接参与公共文化的生产和供给过程，为公众的文化成果展示搭建了多种形式的平台；同时，为公众之间的互相学习和互相教育搭建了通道，通过交流和分享达到共同学习、进步和成长的目的，实现公共文化服务的共建共享。"文澜大讲堂"之"我来做主讲"让草根市民有机会在杭州图书馆最大的讲座平台上展现个人风采，"小文艺家首秀"致力于"展示青少年才艺、发掘未来艺术家"，"文澜沙龙"鼓励读者自己策划、自己管理、自己运作，公益培训班组建了一支市民讲师团，市民合唱学院、市民剧社、作家公社、市民朗诵团、咏秋社等市民文化社团都鼓励公众勇敢地表达自我并且为这种表达提供图书馆的帮助和指导。这些都是杭州图书馆吸引公众广泛参与，满足公众的精神文化需求，充分点燃公众文化热情的成功实践。

（五）获得了广泛的社会关注，社会影响日益扩大

杭州图书馆所有这些鼓励、引导、吸收社会力量参与公共图书馆事业的探索和实践，都为杭州图书馆赢得了广泛的社会关注和良好的口碑，杭州图书馆知名度日益扩大，社会影响力明显提升。杭州图书馆被誉为"史上最温暖图书馆"；杭州图书馆佛学分馆被网友评为"最美读书地"；2014年，"杭图模式"入选全国首批民生改善典范城市案例，杭州图书馆获评全国盲人阅读推广先进单位、浙江省面对弱势群体服务"爱心第一馆"；2015年，杭州图书馆荣获华文领读者·阅读空间奖；2016年，杭州图书馆获杭州市人民政府"杭州市模范集体"、杭州市委宣传部"公民爱心公益奖"、杭州市品牌办"杭州生活品质总点评年度区块"等，成为政府推荐的群众公共文化服务标杆；杭州图书馆佛学分馆、生活主题分馆、科技分馆、

运动分馆等多个分馆多次获得杭州市年度最具品质体验点、最具影响力阅读空间、市民体验日"十大金城标奖"、特色人文阅读空间等各种称号。杭州图书馆的各项业务工作和服务也屡获殊荣，诸如杭州图书馆市民合唱团不断获得各种国内外合唱节金奖，杭州图书馆因其阅读推广工作年年获得西湖读书节先进单位称号，杭州图书馆屡屡获得中国图书馆学会、浙江图书馆学会等组织评选的各种优秀服务案例、创新案例等。这些不完全列举的众多奖项，在一定程度上体现了杭州图书馆在业界的知名度、美誉度，在市民中的口碑，群众的满意度，以及在社会上不断扩大的影响力。

（六）增强了工作人员的职业自豪感，职业动力显著提升

对于杭州图书馆的工作人员来说，社会力量在各项业务工作中的参与，首先是缓解了一部分工作人员的压力，在一定程度上解决了人员不足的问题。社会力量的参与还优化了图书馆的资源配置，图书馆员可以从一些非核心工作中剥离出来，从事更能体现图书馆核心价值的工作。更重要的是，在不断的、长期的和频繁的与各种社会力量、社会机构的合作过程中，图书馆员学到了知识，学会了沟通，在个人能力上有了显著的提升。此外，当不断地有合作机构主动找上门来，要求和图书馆合作的时候，图书馆员感受到了自身工作的价值、所从事职业的价值，这对图书馆员来说是极大的鼓励，作为一个图书馆员，其职业自豪感有了显著提升，也树立起强大的职业自信，有了更多为职业发展奋斗的动力，愿意以加倍的热情、更加积极的态度，将更多的智慧、创造力、信仰和行动投入到公共图书馆事业中，在成就个人的同时也推动了公共图书馆的发展。

二、引入社会力量参与的经验

在多年的引入社会力量参与公共图书馆事业的探索和实践中，杭州图

书馆也积累了一些经验，贯彻落实政府主导精神，坚持公共图书馆的公共性，以体制机制的变革释放创新潜能，以品牌建设打造更具吸引力的平台，是其中的主要几个方面。

（一）贯彻落实政府主导精神，充分利用政策、用好政策

公共图书馆的发展离不开社会大环境，尤其是不能脱离政策环境。在引导社会力量参与的过程中，公共图书馆必须关注并紧密结合国家层面以及各级政府层面的各种相关政策，抓住机遇，充分利用政策、用好政策。这是杭州图书馆在多年的实践工作中一直坚持的一点。

早在2004年，杭州市就在全国率先试行"公益文化产品政府采购制"，规定凡在杭州市辖范围内正式注册的文化单位和文艺团体，其所生产的图书、戏剧、影视剧、音乐会及其他文艺演出等文化产品，均属政府采购范围。这是杭州首次以"政府采购"的形式对文化产品试行的扶持制度。2005年，杭州市又制定了《杭州市政府采购公益文化产品服务试行办法》，在杭州市政府2006年发布的《关于加快"一名城、四强市"建设的若干政策意见》中，也对扶持社会力量兴办文化事业等内容做出相关规定。这些都是杭州图书馆早期探索社会力量参与图书馆工作的政策基础，直接催生了杭州图书馆与社会机构合作开办主题图书馆、杭州市公共图书馆事业基金会等项目。

在国家层面，2013年，党的十八届三中全会明确提出要"推动公共文化服务社会化发展"。2015年5月，国务院办公厅批转了两个重要文件，一是转发了文化部、财政部、国家新闻出版广电总局、国家体育总局《关于做好政府向社会力量购买公共文化服务工作的意见》（国发办〔2015〕37号）；二是转发了财政部、发展改革委、人民银行《关于在公共服务领域推广政府和社会资本合作模式指导意见的通知》（国发办〔2015〕42号），明确要求"改革创新公共服务供给机制，大力推广政府和社会资本合作模

式"，并出台了《政府向社会力量购买公共文化服务指导性目录》。这一系列国家层面引导和鼓励社会力量参与公共文化供给、催生多元文化主体政策的出台，为公共图书馆引导和鼓励社会力量参与提供了国家层面的政策支持和方向性的指南，成为公共图书馆开展社会合作的良好契机。杭州图书馆选择这一方向作为公共图书馆创新发展的突破口，既符合公共图书馆的发展方向和趋势，也与国家的大政方针相契合，极具开拓性和前瞻性，也取得了良好的实践效果。

（二）社会参与要坚持公共图书馆的公共性，遵循公益原则

20世纪80年代，我国社会发展从以政治为中心转向以经济建设为中心，公共图书馆建设也开始鼓励"以文养文，以文补文"。1983年颁布的《关于加强城市、厂矿群众文化工作的几点意见的通知》明确指出，"有些群众文化活动可以适当收费，以补助活动经费的不足"；1987年，中宣部、文化部、国家教委、中国科学院联合下发《关于改进和加强图书馆工作的报告》，鼓励"图书馆在搞好无偿的公益服务的同时，也可以进行合理的有偿专业服务"；1988年，文化部和财政部还联合召开了全国文化事业单位"以文养文"经验交流会。在这样的背景下，公共图书馆创收成为常态，当时的收费项目包括读者卡工本费、读者卡年度验证费、读者存包费、自习室使用费、讲座门票费，以及文献复印费、文献传递费、文献检索费、光盘刻录费等。虽然"以文养文"部分解决了公共图书馆的运行经费问题，但同时带来了严重的后果，图书馆的公益性没有得到体现，反而把负担转嫁给了读者，社会意见很大，媒体批评不绝于耳，更加损害了公共图书馆的形象。直到21世纪初，学界开始对这一现象进行反思，呼吁公共图书馆公共精神的回归，公共图书馆的公共性才逐渐得到重新体现。之后，文化部、财政部于2011年共同出台《关于推进全国美术馆、公共图书馆、文化馆（站）免

费开放工作的意见》；2017年11月通过的《中华人民共和国公共图书馆法》明确要求"公共图书馆应当按照平等、开放、共享的要求向社会公众提供服务"，在国家法律层面确立了公共图书馆的公共属性，平等免费成为公共图书馆必须对社会做出的基本承诺。

因此，公共图书馆在引导社会力量参与的过程中要吸取历史教训，把社会力量参与和"以文养文，以文补文"区别开来，坚持"公共"的原则。杭州图书馆将自身定位为"平民大书房　市民图书馆"，早在2006年6月就联合杭州市各区（县、市）公共图书馆发布了《杭州地区公共图书馆服务公约》，明确了杭州市所有公共图书馆免费进馆、免费阅览的服务制度，在公共、平等、免费方面走在了全国前列。在与各种社会机构的合作中，杭州图书馆同样坚守"公益"的底线，与合作对象签订严格的合作协议，不允许收费、产品推广、市场营销等任何商业行为的发生。正是因为一直以来坚守的"公共"理念突显了杭州图书馆平等、包容、富有人文关怀的良好氛围，也证明了图书馆是一个公益、开放、多元、包容的场所，推动了社会参与的治理监视、志愿服务，公共图书馆也由此成为"城市中最好的学习共存、推进社会包容的场所"①。

（三）以体制机制的变革释放创新潜能，激发社会参与的内在动力

十八届三中全会将"创新社会治理体制"作为全面深化改革的目标之一。从"管理"到"治理"的变化，体现了从"政府单向的行政手段"到"多元主体共同参与"的改革目标，这是激发社会创新活力的关键。杭州图书馆在鼓励和引导社会参与的过程中，从体制机制的变革入手，开展了一系列的探索，取得了良好的实践效果。

---

① 范并思.公共图书馆与城市文化[J].公共图书馆.2009（3）:3.

　　杭州图书馆积极培育和发展公益慈善类组织，借鉴西方的图书馆基金会制度，于2003年成立了我国第一家公共图书馆事业基金会——杭州市公共图书馆事业基金会。杭州图书馆通过基金会的方式，创新政府资助，同时带动企业、私人捐助，是文化管理机制的创新，也是杭州图书馆引导社会力量参与公共图书馆建设体制机制改革和创新的尝试。

　　杭州图书馆积极响应国家有关文化事业单位法人治理结构改革的要求，早在2015年就建立了杭州图书馆理事会。理事会成员都具有一定的社会影响力和号召力，理事会制度的实施，有助于杭州图书馆提高决策科学化、民主化水平，提升服务效能；有利于调动社会力量和社会资源参与图书馆发展；有助于进一步创新公共文化服务内容和方式，为社会公众提供更多更好的公共文化服务。理事会制度已经成为杭州图书馆探索"社会力量参与图书馆建设"新模式的重要方式。

　　杭州图书馆积极发挥群众文化组织作为公共文化服务桥梁的作用，组织成立了杭州市民合唱团（后发展为市民合唱学院）、市民朗诵团、市民剧社、作家公社、咏秋社等一系列市民文化社团，打造市民和市民之间文化交流、分享、提升的平台，充分激发了群众中的文化参与热情，让群众文化的内部活力和创造力得以充分呈现。

　　（四）以品牌的打造吸引更多社会力量的参与，实现共赢和良性发展

　　好的品牌会有一种"光环效应"，能够吸引更多的力量参与公共图书馆的各项工作。杭州图书馆以"平民图书馆　市民大书房"作为总的图书馆品牌形象，打造了一系列服务品牌，如"文澜大讲堂"讲座品牌、"文澜展苑"展览品牌、"文澜沙龙"文化沙龙品牌、"专题无疆"信息服务品牌、"西湖映像"对外文化交流品牌、"总有一种声音打动你"音乐活动品牌、"心随阅动"阅读推广品牌、"天竺书香"佛学分馆活动品牌、"当阅读遇上运动"运

动分馆活动品牌、"生活的艺术　艺术的生活"生活主题分馆活动品牌、"为
地球朗读"环保和阅读活动品牌等。通过这些品牌的塑造，不仅吸引了更多
的读者，也吸引了更多合作伙伴的目光。有了更多社会机构的参与，大家互
相依存，紧密合作，发挥各自的优势和特点，通过共同的努力，图书馆的品
牌内涵得到了升华，品牌魅力得以提升，也增添了品牌可持续发展的动力。
同时，社会机构的社会责任也得到了彰显，不管是作为图书馆还是作为合作
方，社会影响力都得到了提升，对于双方来说都是一种共赢。

三、引入社会力量参与的展望

在引入社会力量参与、与社会力量合作共同探索公共图书馆事业发展
的道路上，杭州图书馆取得了一定成绩，也有了一些实践经验，接下来如
何更好地开展工作，更加充分地发挥社会力量在公共图书馆事业中的作用，
杭州图书馆也有一些思考和展望。

（一）做好"领航员"：主动出击，进一步探索引导社会力量参与的途径

为进一步鼓励社会力量参与，公共图书馆需要做好"领航员"，拓宽合
作渠道，从参与主体、参与领域、参与形式等多方面，引导社会力量更深
层次地参与公共图书馆建设和服务。尤其是在我国文旅融合的大背景下，如
何更好地和旅游领域的要素融合，将公共图书馆的资源和旅游行业的机构
资源进行有效的整合，共同推动公共文化事业的发展，应该是公共图书馆
需要着重考虑的一个问题。

目前，全国各地，尤其是浙江省已经有了诸多文旅融合的实践。这些
图书馆因地制宜，积极引入社会力量，将公共图书馆和旅游行业融合起来，
以文促旅，以旅彰文。比如嘉兴的"红船书苑"建设；宁波市图书馆跳出
"传统图书馆的圈子"，走进南塘老街建立人文地理馆，走进民宿与风土民

俗相结合，走进景点与文创产品结合，走进地铁与城市出行结合，打造全国图书馆文旅融合的"宁波样本"；绍兴图书馆、嘉兴南浔区图书馆等的人文走读项目；桐庐县图书馆、青田县图书馆、丽水莲都区图书馆、温岭县图书馆等的"图书馆＋民宿"建设；等等。这些正在进行中，并且已经取得了一定成效的探索可以给我们诸多启发，对于公共图书馆来说，打开思路，拓宽合作渠道，考虑在接下来的工作中将图书馆更多地和旅游中的"吃、住、行、娱、游、购"等要素结合，引导更多社会力量的参与，应该是重点和核心工作之一。

（二）做好"协调人"：完善制度，推动社会力量参与的可持续发展

公共图书馆要做好"协调人"，完善公共图书馆吸引社会力量参与的相关制度，既保障社会力量的权益，也保障公共图书馆作为公共文化机构的权利，维护社会力量参与的规范性，保证社会力量参与的持续性。

除了关注、领会、落实好国家层面以及省、市各级政府层面有关社会力量参与公共文化事业的相关制度之外，公共图书馆还要考虑加强内部制度建设，从管理体制、服务方式等方面对社会力量参与公共图书馆各项事务进行规范保障。比如进一步完善基金会的捐赠者、捐赠资金、捐赠领域等方面的制度，以持续助力图书馆公益文化事业的发展，推动公共文化服务的普惠、均等；进一步完善主题分馆建设制度，探讨更合理的准入准出机制；在社会合作项目开展之前加强前期调研和评估，提高项目的可行性和持续发展能力等。

（三）做好"宣传者"：加强宣传推广，打造更具号召力的公益平台

公共图书馆要做好"宣传员"，加强宣传推广工作，让公共图书馆成为一个更具影响力、吸引力和号召力的公益平台。

图书馆宣传推广一直是国际图书馆界非常关注和重视的一个主题。比

如国际图联专门推出了"世界图书馆地图"（Library Map of the World）项目，希望在地图上呈现出世界各国各地图书馆的信息和更丰富数据量，以加强图书馆界的集体宣传[①]；国际图联还推出了国际宣传项目（The International Advocacy Programme，IAP），主要向各级政府宣传图书馆在实现联合国可持续发展目标中的作用[②]；在《全球愿景报告》（Global Vision Report）中，国际图联也一再强调，"图书馆界的每个人都需要更深入地了解宣传工作的必要性"，"有必要向更高层领导者、有影响力的人和更广泛的社区宣传，并将其视为要务"[③]。图书馆宣传的目的是让更多人了解并认同图书馆的价值，从而为图书馆提供更多支持。

受中国传统文化比较内敛思想的影响，我国图书馆界的宣传意识相对比较弱，更多的是默默做事，很少为自己鼓与呼。为了争取更多社会力量的支持，公共图书馆应该摒弃"好酒不怕巷子深"的思维，要学会善于宣传自己的服务、活动和影响力。不仅要向社会公众宣传，还要向上级政府和文化主管部门领导们宣传；不仅要自己宣传，还要通过媒体宣传，借助名人效应宣传。让更多的人了解并切实感受到公共图书馆可以为个人和社会带来的巨大影响，从而认可图书馆，自觉自愿地为公共图书馆事业的发展提供支持和保障。

（四）做好"创新事"：持续推动服务创新，以创新价值吸引更多公众参与

为了更好地鼓励社会力量参与，公共图书馆还要做好"创新事"，持续

---

① Library Map of the World [EB/OL]. [2019-09-13]. https://librarymap.ifla.org/.

② The International Advocacy Programme（IAP）[EB/OL]. [2019-09-13]. https://www.ifla.org/ldp/iap.

③ Global Vision Report [EB/OL]. [2019-09-13]. https://www.ifla.org/globalvision/report.

推动图书馆服务创新，以创新价值吸引更多公众参与。

公共图书馆必须认识到，社会是不断发展的，与社会的这种不断发展同步的是用户需求的日益个性化、多元化，并且这种个性化、多元化是持续的、动态的。公共图书馆需要学习如何针对不同用户不断变化的需求进行更加精准化的投放服务，以达到服务效果最大化。如果仍然以有限的形式提供服务，保持一成不变的公众参与平台，公共图书馆马上就会丧失吸引力，被社会和公众抛弃。所以，公共图书馆需要持续创新、不断开发有吸引力的服务，吸引公众更多的关注。从被动等读者上门借书，到"悦读""悦借"服务的主动推送，借助"中国阅读推荐榜"的阅读引导，再到"信用借阅"的全面共享，杭州图书馆已经开展了一系列的服务创新。然而发展没有止境，创新没有终点，图书馆只有永远向上攀登，不断创新公众参与平台，让服务持续地保持活力，更新颖，更贴心，才能体现出公共图书馆的服务价值，吸引更多公众的近距离接触、全方位感受，愿意主动地参与到公共图书馆事业中来。

后 记

历经三年、几易其稿的《社会力量参与公共图书馆事业建设研究》一书终于要和大家见面了，作为编者，我们甚感欣慰。

最初酝酿这一选题是有感于社会力量在我国公共文化事业中呈现出来的越来越重要的作用，以及杭州图书馆十几年来一直持续开展且在广度和深度上不断拓展的社会合作实践。2016年，杭州图书馆、杭州少年儿童图书馆"公共图书馆社会化探索创新团队"入选首批浙江省文化创新团队，这为我们把经验总结出来，提炼成有价值的理论成果，让理论更好地指导实践提供了一个良好的契机。

理论和实践是互为起点和依靠的，两者的结合才能落地开花。从策划之初，我们就希望这是一本理论与实践融合的书。为此，我们设立了"理论研究"和"杭州探索"上下两个篇章，既阐释公共文化服务社会化发展的相关理论，总结分析国内外其他地区社会力量参与公共图书馆事业建设的方式、经验，又重点梳理描绘杭州图书馆多年来引入社会力量参与公共图书馆事业建设的积极探索和发展脉络。虽然书稿最终成型的时间比我们预期的稍晚了一些，但我们希望经历了更多时间沉淀下来的这一版书稿是一个更加全面和有价值的版本，能够引发更多人对这个话题的思考和探讨。

　　本书的完成，要感谢很多人。感谢北京大学李国新教授、南开大学徐建华教授、北京大学张广钦副教授对本书的编撰提出的中肯意见，李国新教授还为本书撰写了热情洋溢的序；感谢北京大学关思思博士的加盟，与杭州图书馆编撰团队通力合作，完成了本书的撰写；感谢杭州图书馆和杭州少年儿童图书馆"公共图书馆社会化探索创新团队"成员们的探索和实践，为本书的编撰提供了第一手的案例素材，也感谢将这些案例形成文字的人，他们是（以姓氏笔画为序）：王杨、王奕龙、王恺华、方瑛、叶婷、冯亚慧、冯继强、朱峻薇、刘丽东、寿晓辉、杨悦、沈少英、张安琪、周宇麟、姚丹茵、施春林、柴玲姬、诸佳男、戚晓黎；感谢杭州图书馆丁佳明、陈荮、金国峰等人为本书的更好呈现提供了丰富的图片资料；最后，还要感谢浙江省文化和旅游厅对杭州图书馆的关心和指导，愿意提供出版平台，让杭州的做法、经验可以与更多的同行分享，没有他们给予的鼎力支持，就没有今天这本书的呈现。

　　当然，我们的工作难免有疏漏，书中那些还不完美、尚待完善的地方，还请专家、同人多多给予指导，提供宝贵意见，以帮助我们进一步修订更新、成长进步。

编 者

2019 年 10 月